# 교양 스페인어

서울대학교 서어서문학과
교양스페인어 편찬위원회

1945
문예림

>> 저자

김은경(서울대학교 서어서문학과 교수)

김현균(서울대학교 서어서문학과 교수)

신자영(서울대학교 인문학연구원 선임연구원)

이만기(서울대학교 서어서문학과 교수)

María Claudia Macías Rodríguez(서울대학교 서어서문학과 초빙교수)

# 교양 스페인어

**3판 1쇄 인쇄**  2020년 3월 23일
**3판 1쇄 발행**  2020년 3월 30일

**지은이**  서울대학교 인문대학 서어서문학과
**펴낸이**  서덕일
**펴낸곳**  도서출판 문예림

**출판등록**  1962.7.12 (제406-1962-1호)
**주소**  경기도 파주시 회동길 366 3층 (10881)
**전화**  (02)499-1281~2 **팩스**  (02)499-1283
**대표전자우편** info@moonyelim.com **통합홈페이지** www.moonyelim.com
**카카오톡**  ("도서출판 문예림" 검색 후 추가)

디지털노마드의 시대, 문예림은 Remote work(원격근무)를 시행하고 있습니다.
우리는 세계 곳곳에 있는 집필진과 원하는 장소와 시간에 자유롭게 일합니다.
문의 사항은 카카오톡 또는 이메일로 말씀해주시면 답변드리겠습니다.

ISBN 978-89-7482-342-9(13770)

# 스페인 지도

# 라틴아메리카 지도

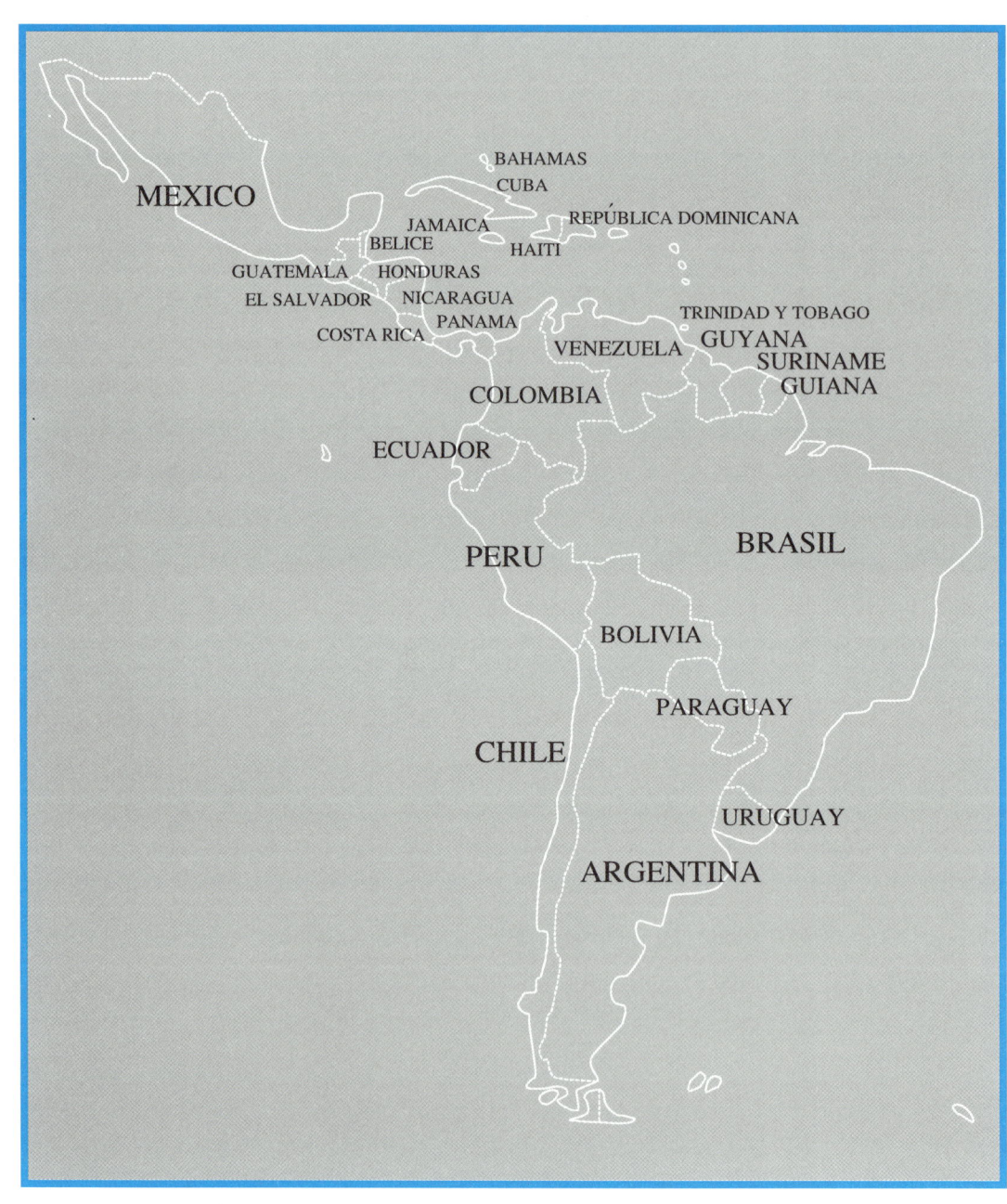

오늘날, 세계화 시대를 맞이하여 영어는 물론, 제 2외국어 교육의 중요성이 날로 부각되고 있다. 이들 외국어 중에서 스페인어는 브라질을 제외한 라틴아메리카 대륙의 대부분의 국가들(아르헨티나, 볼리비아, 칠레, 콜롬비아, 쿠바, 코스타리카, 에콰도르, 과테말라, 온두라스, 도미니카, 멕시코, 니카라과, 파나마, 파라과이, 페루, 엘살바도르, 우루과이, 베네수엘라, 푸에르토리코)과 스페인에서 모국어로 사용하고 있는 언어이다. 그 이외에도 미국의 남부지역, 필리핀, 아프리카의 북부지역과 적도 기니 등에서 스페인어가 폭넓게 사용되고 있다. 전 세계의 스페인어 사용인구는 대략 4억 이상으로, 중국어, 영어 다음으로 사용자 수가 많다. 또한, 스페인어는 유엔을 비롯한 주요 국제기구들이 공용어로 채택한 언어로서 외교, 통상, 문화 등 국제교류활동에서 사용이 보편화되어 있다. 영어를 위협할 정도로 스페인어가 날로 위세를 떨치고 있는 미국에서 외국어 강좌를 수강하는 전체 대학생들 중에서 절반 이상이 스페인어를 선택하고 있다는 사실은 세계 속의 스페인어의 위상을 보여준다고 하겠다. 특히, 멕시코에서 아르헨티나에 이르기까지 광활하고 자원이 풍부한 라틴아메리카 대륙은 21세기에 우리가 진출해야 할 지구상의 마지막 보루로서, 최근 우리나라와의 교역이 날로 증대되고 있다.

이러한 중요성을 감안한다면, 국내에서의 스페인어 교육은 아직 미진한 실정이다. 이 점에 착안하여, 본 교재는 다양한 영역에서 학문적 수련과정을 밟고 있는 대학생들이 비교적 짧은 기간 내에 현대 스페인어의 기본적인 문법구조와 어휘를 습득하여 일상적 의사소통수단으로서의 스페인어 사용능력과 문헌 이해를 위한 기본적인 소양을 배양할 수 있도록 하는 것을 궁극적 목표로 삼고 있다. 이러한 전체적 구도 속에서 본 교재는 다음과 같은 성격과 체계를 갖추고 있다.

각 과는 평이하고 일상적인 대화문으로 시작되어, 스페인어권 사람들과의 교류를 전제로 한 의사소통이라는 외국어 교육의 실질적 측면을 강조하였으며, 대학교재로서의 성격을 고려하여 상세한 문법적 설명은 가급적 배제하였다. 이어 이러한 대화체 문장과 연관된 기본적인 문법구조가 소개되며, 마지막에는 연습문제를 배치하여 각 과에서 학습한 주요 문법지식을 능동적으로 활용할 수 있는 훈련의 기회를 제공하고 있다.

본 교재는 2001년에 초판을, 그리고 2004년에 개정판을 펴낸 바 있으나, 부분적으로 편제를 달리하고 크고 작은 오류를 바로잡아 다시 개정판을 내게 되었다. 특히, 이번 개정판에서는 문화에 대한 관심의 증대를 반영하여 스페인어권 문화 관련 사진자료와 설명을 대폭 보완하였다. 개정판을 준비하는 과정에서 귀중한 조언을 해주신 여러 선생님들과 원고를 꼼꼼하게 살펴준 대학원생들에게 고마움을 전한다. 또한 어려운 여건에서도 흔쾌히 개정판을 내준 문예림에도 깊은 사의를 표한다.

2006년 6월
서울대학교 서어서문학과
교양스페인어 편찬위원회

**차례**

**예비편** / 9

**Lección 1**　Saludos y presentaciones / 17

**Lección 2**　¿De dónde eres? / 25

**Lección 3**　¿Cómo estás? / 33

**Lección 4**　Los deportes / 41

**Lección 5**　En el aeropuerto / 51

**Lección 6**　Vamos a comer / 61

**Lección 7**　El cumpleaños de un nuevo amigo español  / 73

**Lección 8**　¿Qué tiempo hace hoy?  / 81

**Lección 9**　Primer premio  / 91

**Lección 10**　Temas sobre Latinoamérica  / 101

**Lección 11**　En el parque de Chapultepec / 111

**Lección 12**    El ciego astuto / 121

**Lección 13**    Te llamé ayer para invitarte a mi casa / 135

**Lección 14**    Famosos escritores latinoamericanos / 147

**Lección 15**    Yo vivía en un pueblo cuando era pequeño / 161

**Lección 16**    Dijo que le había dado una insolación / 171

**Lección 17**    ¿Qué harán ustedes mañana? / 181

**Lección 18**    ¿Podría darme un consejo? / 193

**Lección 19**    Mis planes del futuro / 205

**Lección 20**    A quien corresponda / 217

**Lección 21**    Un compañero tacaño / 227

**Lección 22**    Si tuviera tiempo y dinero / 237

**연습문제 해답**    / 249

**투우** 스페인 사람들의 정열을 상징하는 투기. 17세기 말경까지는 궁정의 오락거리로 귀족들 사이에서 성행하다가 18세기 초 부르봉 왕조 시대에 이르러 대중화되었다. 역사상 첫 투우사는 스페인 남부 출신의 프란시스꼬 로메로로 알려져 있다. 투우사는 한명의 마따도르(matador)가 작살을 꽂는 세 명의 반데리예로(banderillero), 말을 타고 창으로 소를 찌르는 두 명의 삐까도르(picador)와 한 조를 이룬다. 투우 시즌은 3월 19일 발렌시아의 불꽃 축제인 라스 파야스에서 시작되어 10월 12일 사라고사의 삘라르 축제로 끝나지만, 본격적인 시즌은 6월에서 9월까지이다.

**알람브라궁전** 시에라네바다 산맥을 배경으로 그라나다가 한눈에 바라보이는 구릉 위에 세워진 이슬람왕조의 궁전. 알 안달루스의 마지막 왕조인 나스르왕조의 무하마드 1세가 13세기 후반에 착공하여 여러 차례의 증축과 개수를 거쳐 완성되었으며 현재 이 궁전의 대부분은 14세기 때의 것이다. 다양한 모양의 아치, 섬세한 기둥, 벽면장식 등 모든 면에서 정교하고 치밀한 이슬람 건축문화의 극치를 이룬다. 사진은 무하마드 5세가 건조한 '사자(獅子)의 뜰'로 8두의 사자가 받치고 있는 분수반(噴水盤)을 중앙에 두고 촘촘히 선 문주(門柱)의 회랑(廻廊)으로 둘러싸여 있다.

# 1. 스페인어의 알파벳(alfabeto)

| 대문자 | 소문자(명칭) | | 대문자 | 소문자(명칭) | |
|---|---|---|---|---|---|
| A | a | (a) | N | n | (ene) |
| B | b | (be) | Ñ | ñ | (eñe) |
| C | c | (ce) | O | o | (o) |
| Ch | ch | (che) | P | p | (pe) |
| D | d | (de) | Q | q | (cu) |
| E | e | (e) | R | r | (erre) (ere) |
| F | f | (efe) | S | s | (ese) |
| G | g | (ge) | T | t | (te) |
| H | h | (hache) | U | u | (u) |
| I | i | (i) | V | v | (uve) |
| J | j | (jota) | W | w | (uve doble) |
| K | k | (ka) | X | x | (equis) |
| L | l | (ele) | Y | y | (i griega) |
| Ll | ll | (elle) | Z | z | (zeta) |
| M | m | (eme) | | | |

**참고**

ch(che)와 ll(elle)는 1994년 이후 사전의 c, l의 하위 항목으로 각각 편입되었다. rr는 독자적인 소리 값은 있으나 독립적인 문자로는 인정되지 않고 r의 하위항목으로 편입된다.

## 2. 모음

### ① 5 모음(cinco vocales)

| a | e | i | o | u |
|---|---|---|---|---|

### ② 강모음과 약모음

| 강모음 | 약모음 |
|---|---|
| a, e, o | i, u |

### ③ 이중모음(diptongos)

| ai | aire | au | autor |
|---|---|---|---|
| ei | veinte | eu | deuda |
| oi | boina | ou | bou |
| ia | piano | ua | agua |
| ie | hierba | ue | puerta |
| io | idioma | uo | cuota |
| ui | cuidado | iu | viuda |

> **참고**
>
> 이중모음에서 약모음에 강세가 오면 두 음절로 분리된다:
> po-e-sí-a,　o-í-do,　dí-a,　pa-ís

### ④ 삼중모음(triptongos)

| iai | estudiáis |
|---|---|
| iei | cambiéis |
| uai | Paraguay |
| uei | buey |

# 3. 자음(consonantes)

| b | bandera | baile | tiburón |
|---|---|---|---|
| ch | muchacho | China | gaucho |
| d | documento | dedo | diente |
| f | fama | fuente | café |
| h | hombre | huevo | hacer |
| l | loco | pelo | volar |
| ll | caballo | llano | llorar |
| m | mucho | mano | comida |
| n | noche | nido | blanco |
| ñ | mañana | España | niño |
| p | papel | puente | copa |
| r | cara | pero | grado |
| rr | perro | ferrocarril | guerrero |
| s | sobre | sol | famoso |
| t | tango | té | gato |
| v | verano | ventana | aviso |
| x | examen | experiencia | México |
| y | ayuda | joya | yerno |

**주의**

i) b와 v는 같은 발음: /b/

ii) h는 묵음

iii) x : /ks/ — experiencia, exigir

    /x/ — México, Texas

    /s/ — xenofobia, xilófono

iv) r : /rr/ — Enrique, radio, Israel, alrededor

## ❋ 모음에 따른 자음의 발음 변화

| za | zo | zu | ce | ci |
|---|---|---|---|---|
| (zapato) | (zona) | (Venezuela) | (cenicero) | (ciudad) |
| ca | co | cu | que | qui |
| (casa) | (color) | (Cuba) | (querer) | (quieto) |
| ga | go | gu | gue | gui |
| (gato) | (gota) | (aguja) | (guerra) | (guitarra) |
| gua | guo | | güe | güi |
| (agua) | (antiguo) | | (bilingüe) | (lingüística) |
| ja | jo | ju | je/ge | ji/gi |
| (jabón) | (joven) | (jueves) | (jefe/origen) | (ají/gigante) |

# 4. 음의 강세(acento) 위치

① 규칙

i) 끝에서 두 번째 음절의 모음: 모음 또는 자음 n, s로 끝나는 단어

| mesa : | me-sa |
|---|---|
| tarea : | ta-re-a |
| lengua : | len-gua |
| cumpleaños : | cum-ple-a-ños |
| virgen : | vir-gen |

ii) 마지막 음절의 모음: n, s 이외의 자음으로 끝나는 단어

| comer : | co-mer |
|---|---|
| pared : | pa-red |
| hotel : | ho-tel |

profesor :　　　　　　pro-fe-sor

arroz :　　　　　　　a-rroz

② 불규칙 : 해당 모음에 강세 표시가 있다.

| | |
|---|---|
| adiós | árbol |
| café | librería |
| música | teléfono |
| pájaro | último |
| nación | jabalí |
| tabú | simpático |

③ 한 음절로 된 낱말의 경우 강세 표시를 하지 않는 것이 일반적이나 낱말의 의미 또는 기능을 구분하기 위해 강세 표시를 하는 경우가 있다.

| | | |
|---|---|---|
| sé (동사) | ↔ | se (대명사) |
| tú (대명사) | ↔ | tu (소유 형용사) |
| él (대명사) | ↔ | el (정관사) |
| qué (의문 대명사, 의문 형용사) | ↔ | que (접속사, 관계 대명사) |
| sí (yes) | ↔ | si (if) |
| éste (지시대명사) | ↔ | este (지시형용사) |
| dónde (의문부사) | ↔ | donde (관계부사) |

# Ejercicios

## I. 다음의 낱말들을 읽어보시오.

1. muchacha
2. aeropuerto
3. lección
4. universidad
5. pasaporte
6. guitarra
7. mosquito
8. cielo
9. talento
10. satisfacción
11. hablamos
12. julio
13. España
14. llave
15. artístico
16. restaurante
17. festival
18. chocolate

## II. 다음의 문장들을 읽어보시오.

1. Vamos a invitar a Humberto.
2. Isabel Maraval no es boliviana.
3. Juan estudia geografía y geología.
4. ¿Cómo te llamas?- Juan Ramón Jiménez.
5. Mis padres no viven en Montevideo.
6. ¿Qué es esto? - Es un lápiz.
7. ¡Qué rica está la tortilla de patatas!
8. El perro de Ramón Rodríguez no tiene rabo.
9. Esta mañana llevaron el coche al taller.
10. Camilo José Cela es el primer novelista español galardonado con el Premio Nobel.

**III.** 다음 이름을 읽고 그 알파벳을 하나씩 말해보시오.

1. Juan
2. Miguel
3. Ángel
4. Pedro
5. Cristina
6. Claudia
7. María
8. Alfonso
9. Carmen
10. Javier

**바예 델 로스 까이도스** 독재자 프랑꼬가 스페인내전(1936-1939) 당시의 전몰자들을 추모하기 위해 마드리드 서쪽 외곽의 돌산을 통째로 깎아 만든 지하대성당. 길이가 300m에 이르는 웅장한 규모를 자랑하며 산꼭대기에는 높이 138m에 이르는 세계 최대의 십자가가 세워져 있다.

# Saludos y presentaciones

**플라멩꼬** 15–16세기 경에 스페인의 남부 안달루시아 지방에서 생겨난 집시 기원의 음악과 춤. 집시들의 슬픔과 계급문화에 대한 저항의식, 아랍과 유럽의 다양한 문화와 스페인의 붉은 태양이 어우러져 빚어낸 영혼의 문화로 격렬한 리듬과 동작이 특징이다. 이 말의 기원에 대해서는 여러 가지 설이 있으나 '격정적인' '불타는 듯한'을 의미하는 스페인어 형용사 flamante에서 비롯되었다는 설이 가장 유력하다. 음악에 기타반주가 따르며 춤에는 캐스터네츠가 많이 사용된다. 플라멩꼬의 세계화·대중화에 기여한 호아낀 꼬르떼스가 1996년 4월 8일 산따 끄루스 데 떼네리페에서 〈집시의 열정〉을 공연하고 있다.

Cuatro chicos coreanos quieren hacer un viaje a España y a los países latinoamericanos. Ellos estudian español en un curso de verano de la universidad porque quieren aprender el idioma antes de hacer el viaje. Éste es el primer día de clase.

Profesora : ¡Hola! ¡Buenos días!

Estudiantes : ¡Buenos días!

Profesora : ¿Cómo están?

Estudiantes : Muy bien, gracias.

Profesora : Yo soy Irma, soy de México.

Estudiantes : Mucho gusto.

Profesora : Igualmente. ¿Cómo se llaman ustedes?

Mina : Yo soy Mina, él es Insu, éste es Chanjo y ella es Seri.

Profesora : ¡Encantada! Hoy vamos a estudiar la lección uno.

—

—

Profesora : Esto es todo. Hasta mañana. Muchas gracias.

Estudiantes : Gracias. Hasta luego.

# Esquema gramatical

## 1. 주격 인칭대명사와 SER 동사

| | |
|---|---|
| yo | soy |
| tú | eres |
| él / ella / usted | es |
| nosotros(as) | somos |
| vosotros(as) | sois |
| ellos / ellas / ustedes | son |

(Yo) Soy Juan García López.

(Tú) Eres estudiante.

(Él) Es guapo y alto.

(Ella) Es simpática e inteligente.

Juan es profesor.

(Nosotras) Somos amigas.

(Vosotros) Sois alumnos.

(Ustedes) Son médicos.

Juan y María son novios.

## 2. 의문문과 부정문

A : ¿Juan es estudiante? / ¿Es estudiante Juan?

B : Sí, es estudiante.


A : ¿Eres de Corea?

B : No, no soy de Corea. Soy de China.

## 3. Saludos

A : Buenos días, profesor Moreno. ¿Cómo está usted?

B : Muy bien, gracias. ¿Y usted?

A : Bien, gracias. Hasta luego.

B : Adiós.


A : Buenas tardes, señora.

B : Buenas tardes, doña María. ¿Qué tal?

A : No muy bien.

B : Lo siento. Hasta mañana.


A : Hola, Paco. Buenas noches. ¿Cómo estás?

B : Bien. ¿Y tú?

A : Así, así. (Más o menos. / Regular.) Chao.

B : Chao. Hasta pronto.


A : Muchas gracias, señor.

B : De nada, señorita. Adiós.

A : Hasta la vista.


## 4. Presentaciones

A : ¿Cómo te llamas?

B : Me llamo Esther.

A : ¿Y tu apellido?

B : Torrego.

**A** : ¿Cómo se escribe?

**B** : T–O–R–R–E–G–O.

**A** : ¿Cómo se llama usted?

**C** : Mi nombre es Raúl González.


**A** : Éste es mi amigo Juan.

**B** : Mucho gusto.

**C** : Igualmente.


**A** : Ésta es la profesora María.

**B** : Encantado.

**C** : Encantada.


## 5. Números

| | | |
|---|---|---|
| 0 cero | 1 uno | 2 dos |
| 3 tres | 4 cuatro | 5 cinco |
| 6 seis | 7 siete | 8 ocho |
| 9 nueve | 10 diez | |

# Ejercicios

**I.** 다음의 표와 같이 주어진 단어를 이용하여 문장을 만들어보시오.

> Juan, periodista → Juan es periodista.

1. Pedro, arquitecto            →
2. Tú, abogado            →
3. Él, feo            →
4. Enrique Iglesias, guapo            →
5. Esteban y yo, amigos            →
6. Ana y Marta, de España            →
7. Pablo y tú, de México            →
8. Ellas, estudiantes            →
9. Usted, cantante            →
10. Ustedes, de Japón            →

**II.** 다음 대화를 읽으면서 연습해 보시오.

1. **A** : Hola, buenas tardes.

   **B** : Buenas tardes, profesor Kim.

2. **A** : Adiós, hasta mañana, Juan.

   **B** : Hasta pronto.

3. Pablo : Hola, Juan. Ésta es Carolina.

   Juan : ¿Qué tal? Yo soy Juan.

   Carolina : Encantada.

4. Juan : Hola, Isabel. ¿Cómo estás?

   Isabel : Muy mal. ¿Y tú?

Juan : Regular.

5. Rogelio : Hola, soy Rogelio Varela. ¿Cómo se llama usted?

 Verónica : Mi nombre es Verónica Moro. Mucho gusto.

 Rogelio : Encantado.

## III. 다음 전화번호의 숫자를 읽어 보시오.

1. 383 50 79
2. 254 26 75
3. 689 51 36
4. 985 07 94
5. 872 06 95
6. 880 61 56

**또레스 델 빠이네 국립공원** 칠레 남부 빠따고니아에서 최고의 절경으로 꼽히는 곳으로 태초의 신비와 척박한 원시의 땅에 대한 동경으로 삭가와 탐험가, 암벽 능반가늘의 발길이 끊이지 않는다.

**까세레스** 스페인 서부 에스뜨레마두라 지방에 위치한 유서 깊은 도시. 로마인이 개간하고 이슬람교도가 그리스도교
도의 레꽁끼스따(국토회복전쟁)에 대항하기 위해 요새로 탈바꿈시켰으며 로마, 이슬람, 고딕, 르네상스식 건축이 다채
롭게 혼재되어 있다.

**보고따 전경** 콜롬비아의 수도로 '산따페데보고따'라고도 불린다. 안데스산맥 기슭의 고원지대에 자리하며, 주변지역과 함께 특별구를 구성한다. 1538년 히메네스 데 께사다에 의해 세워진 이래 식민 시대부터 남아메리카 문화활동의 중심지로 '남아메리카의 아테네'로 불렸다. 원주민의 황금세공으로 잘 알려진 황금박물관이 있다.

Profesora : Hola, buenas tardes.

Estudiantes : Buenas tardes.

Profesora : ¿Qué tal? ¿Cómo estáis?

Estudiantes : Muy bien, ¿y usted?

Profesora : Bien, gracias. Hoy vamos a aprender el nombre de los países, sus idiomas y nacionalidades. Por ejemplo, Mina es de Corea, habla coreano y su nacionalidad es coreana. Bueno, a ver..., tú, ¿de dónde eres?

Frank : ¿Yo?, soy de Alemania. Soy alemán.

Profesora : ¿Y tú?, ¿de dónde eres, qué lengua hablas y cuál es tu nacionalidad?

Hiroko : Soy de Japón, hablo japonés y mi nacionalidad es japonesa.

Profesora : ¿De qué ciudad eres?

Hiroko : Soy de Tokio, la capital de Japón.

Después, la profesora escribe en la pizarra verde una corta composición para estudiar los adjetivos.

Juan es un chico colombiano y vive en Bogotá, la capital de Colombia. Él es alto y algo gordo. Su novia es de Perú. Ella es baja y delgada. Ellos son muy diferentes en muchos aspectos.

# Esquema gramatical

## 1. 명사의 성

| 남성 | -o | hermano<br>niño<br>hijo<br>libro<br>sombrero |
|---|---|---|

| 여성 | -a | hermana<br>niña<br>hija<br>casa<br>mesa |
|---|---|---|

**예외**

| | |
|---|---|
| la mano | el idioma |
| la moto(cicleta) | el mapa |
| la foto(grafía) | el problema |
| la radio | el clima |
| | el día |

**주의**

-sión, -ción, -tad, -dad로 끝나는 단어는 여성
la televisión, la conversación, la libertad, la ciudad

## 2. 명사의 수

| 모음으로 끝나는 명사 | -s | hermano<br>casa | hermanos<br>casas |
|---|---|---|---|
| 자음으로 끝나는 명사 | -es | flor<br>papel | flores<br>papeles |

| i) | el lápiz | → | los lápices |
|---|---|---|---|
| ii) | el paraguas | → | los paraguas |
| | el cumpleaños | → | los cumpleaños |
| | ※ el país | → | los países |
| iii) | la estación | → | las estaciones |
| | el/la joven | → | los/las jóvenes |

## 3. 관사

| el | libro | los | libros |
|---|---|---|---|
| un | | unos | |
| la | casa | las | casas |
| una | | unas | |

a + el → al          Espero al señor Kim.

de + el → del        La casa del profesor Lee

※ el / un aula          las / unas aulas

  el / un hacha          las / unas hachas

## 4. 형용사의 성수 일치

| un libro nuevo | unos libros nuevos |
|---|---|
| una casa nueva | unas casas nuevas |

| el lápiz azul | los lápices azules |
|---|---|
| la mesa azul | las mesas azules |

A : ¿Cómo es la casa de María?

B : Es pequeña pero bonita.


A : ¿Cómo es el doctor Martínez?

B : Es simpático y trabajador.


A : ¿Cómo son los hijos de Juan?

B : Son altos y gordos.


## 5. 국명과 그 형용사형

| Rusia | ruso | España | español |
|-------|------|--------|---------|
| Corea | coreano | Inglaterra | inglés |
| Italia | italiano | Francia | francés |
| México | mexicano | Japón | japonés |
| China | chino | Alemania | alemán |

※ (los) Estados Unidos → estadounidense / norteamericano


A : ¿De dónde eres?

B : Soy coreano. Soy de Seúl.

A : ¿Y usted? ¿De dónde es?

C : Soy española. Soy de Madrid.


A : ¿De dónde son ustedes?

B : Yo soy japonesa, Jean y Marie son franceses y Silvia es inglesa.

A : ¿Qué lengua habla usted?

B : Hablo inglés, ruso y francés.


A : ¿Qué lengua hablan en México?

B : Hablan español.

## 6. Números

| | | |
|---|---|---|
| 11 once | 12 doce | 13 trece |
| 14 catorce | 15 quince | 16 dieciséis |
| 17 diecisiete | 18 dieciocho | 19 diecinueve |
| 20 veinte | | |

**리마의 아르마스광장**  식민시대 남아메리카 최대의 도시 리마의 중앙광장. 리마는 1535년 프란시스꼬 삐사로가 식민통치의 중심지로 창건한 도시이다. 광장에는 사진에서 보는 것처럼 청동으로 만든 대형 분수가 있고 맞은편에 대통령궁이 있다. 광장의 다른 쪽에는 대성당이 자리 잡고 있다.

# Ejercicios

**I.** 다음의 표와 같이 바꾸시오.

> Soy italiano. nosotros → Somos italianos.

1. Eres americano. vosotros
2. Soy coreano. nosotros
3. Es simpática. tú
4. Eres médico. ellos
5. Somos arquitectos. yo
6. Son ingenieros. él

**II.** 다음 문장을 완성하시오.

1. José es de España. José es _____.
2. Juana es de Francia. Juana es _____.
3. Isabel es de Italia. Isabel es _____.
4. Yo soy de Japón. Yo soy _____.
5. Tao es de China. Tao es _____.
6. Tomás es chileno. Es de _____.
7. Claudia es alemana. Es de _____.
8. Manuel es de los Estados Unidos. Es _____.
9. Ricardo no es de Cuba; es de México. Es _____.
10. Nosotras somos de Rusia. Somos _____.

**III.** 괄호 속의 낱말을 알맞게 고치시오.

1. (el alumno) _____ son estudiosos.

2. Las muchachas son _____. (simpático)

3. (el hombre) _____ son generosos.

4. (la madre) _____ son cariñosas.

5. (la película) _____ son interesantes.

6. (el niño) _____ son pequeños.

7. Los profesores son _____. (bajo y delgado)

8. (la ciudad) _____ son grandes.

9. (el paraguas) _____ son útiles.

10. (el aula) _____ son anchas.

11. Los estudiantes son muy _____. (inteligente)

12. Los coches son _____. (verde)

13. El juez es un hombre _____. (responsable)

14. María es una muchacha _____. (excelente)

15. Las españolas no son _____. (amable)

## IV. 다음 문장을 스페인어로 작문하시오.

1. 안녕하세요. 어떻게 지내세요?

2. 아주 잘 있습니다, 당신은요?

3. 그저 그래요. 고마워요.

4. 나는 한국어와 영어 그리고 스페인어를 합니다.

5. 후안과 마리아는 마드리드 출신입니다.

6. 제 이름은 뻬드로 로뻬스입니다.

7. 캐나다에서는 영어와 프랑어를 씁니다.

8. 까를로스는 스페인 학생입니다.

9. 마리아는 예쁘고 친절합니다.

10. 그녀들은 일본 사람입니다.

# Lección

# 03

## ¿Cómo estás?

**빠블로 네루다** 칠레의 시인·정치가로 유난히 바다를 사랑했던 네루다가 이슬라 네그라에 있는 그의 바닷가 집에서 망중한을 즐기고 있다. 그의 대표작으로는 스페인어권 최고의 베스트셀러 시집 『스무 편의 사랑의 시와 한편의 절망의 노래』(1924), 동양에서의 고독한 삶의 기록인 『지상의 거처』(1933, 1935), 라틴아메리카의 대서사시로 평가되는 『모두의 노래』(1950) 등이 있다. 스탈린평화상(1953)과 노벨문학상(1971) 수상.

Seri no está en la clase y la profesora pregunta por ella.

Profesora : ¿Cómo están?

Estudiantes : Bien, gracias. Y ¿usted?

Profesora : Regular, estoy un poco cansada.

¿Y Seri, dónde está?

Chanjo : Está en su casa, porque está enferma.

Está resfriada.

Profesora : ¿Qué hay en la clase?

Mina : Hay una mesa, unas sillas y muchos estudiantes.

Profesora : ¿Cuántos países hay en Latinoamérica?

Mina : No sé exactamente.

Profesora : Pues bien.

En Latinoamérica hay más o menos 25 países.

En la mayoría de los países latinoamericanos, la gente habla español. Uno de ellos es Chile.

Chile es un país muy largo y angosto. Está al lado del mar y a la izquierda de los Andes. Es decir, Chile está entre el mar y las altas montañas. El clima de la región central es muy agradable. Las uvas y los vinos chilenos son famosos en todo el mundo. El mar también es rico. Por eso, los chilenos son amigos del vino y del pescado. Pablo Neruda, el gran escritor premio Nobel, es un poeta nacional de Chile porque todo el país -el mar, la montaña, las frutas, el vino, el clima- está en su poesía.

# Esquema gramatical

### 1. Estar와 Hay

| yo | estoy |
|---|---|
| tú | estás |
| él/ella/usted | está |
| nosotros(as) | estamos |
| vosotros(as) | estáis |
| ellos/ellas/ustedes | están |

| ¿Dónde está el bolígrafo? |
|---|
| Está sobre/encima de la mesa. |
| Está debajo de la mesa. |
| Está delante del escritorio. |
| Está detrás del escritorio. |

| ¿Dónde están las llaves? |
|---|
| Están a la derecha de la silla. |
| Están a la izquierda de la silla. |
| Están al lado del televisor. |

| ¿Qué hay sobre la mesa? | | |
|---|---|---|
| Sobre la mesa | hay | un libro |
| | | unos libros |
| | | libros |

A : Perdón, ¿sabe si hay un banco por aquí cerca?

B : Sí, hay uno en esta calle, al lado de la parada de autobús.

A : ¿Dónde está el Museo Arqueológico?

B : Está en la Plaza Mayor, enfrente de la Biblioteca Nacional.

A : ¿Está cerca de aquí?

B : Sí, sí, muy cerca.

A : ¿Dónde está Corea?

B : Está en el noreste de Asia. Al oeste de Japón.

A : ¿Cuál es la capital de Corea?

B : Es Seúl. Está en el centro de la Península Coreana.

A : ¿Cuántos habitantes hay en Corea?

B : No sé exactamente. Unos cuarenta y cinco millones.


## 2. Ser와 Estar

| La mesa | es larga | está limpia |
|---------|----------|-------------|
| Juan | es perezoso | está enfermo |
| Los cuadros | son pequeños | están rotos |
| Los médicos | son inteligentes | están cansados |
| Carmen | es lista | está lista |

A : ¿De quién es este coche?

B : Es del nuevo profesor.

A : ¿Cómo es tu profesor?

B : Es simpático, inteligente, alto y guapo.

A : ¿Es soltero?

B : No, está casado.

A : ¿Cómo estás? ¿Estás enferma?

B : Sí, estoy resfriada. Y ¿tú? ¿Qué tal?

A : Estoy un poco cansado, pero estoy bien.

A : Oye, ¡estás muy guapa hoy!

B : Gracias. Y tú también estás bonita.

### 3. 어미 탈락 형용사 (남성단수명사 앞에서)

| uno | un hombre | una mujer |
|---|---|---|
| bueno | un buen hombre | una buena mujer |
| malo | un mal hombre | una mala mujer |
| alguno | algún hombre | alguna mujer |
| primero | el primer mes | la primera vez |

※ unos hombres,    buenos días,    malos niños,

  algunos tíos,    primeros meses

 **주의**

형용사의 음절 탈락

grande    un gran hombre    una gran mujer

santo    San Francisco    Santa María

※ Santo Domingo, Santo Tomás

### 4. Números

21  veintiuno        22  veintidós        23  veintitrés

24  veinticuatro     25  veinticinco      26  veintiséis

27  veintisiete      28  veintiocho       29  veintinueve

30  treinta

※ veintiún libros, veintiuna casas

# Ejercicios

**I.** Ser와 estar 동사의 변화형을 넣어 다음 대화를 완성하시오.

1. **A** : ¿Cómo _____ Ana?

   **B** : _____ muy inteligente y muy bonita.

   **A** : ¿De dónde _____ ella?

   **B** : _____ argentina, pero ahora _____ en España.

   **A** : ¿ _____ soltera?

   **B** : No, _____ casada.

   **A** : ¿Hoy no trabaja?

   **B** : No..., _____ enferma. _____ en el hospital.

2. **A** : ¿Las sillas _____ de metal?

   **B** : No, _____ de madera.

3. **A** : ¿Cuál _____ su profesión, Sr. García?

   **B** : _____ abogado.

4. **A** : ¿Cómo _____ sus hijos?

   **B** : _____ altos y guapos.

5. **A** : ¿Dónde _____ las bebidas?

   **B** : _____ en el frigorífico.


**II.** 다음 빈칸에 hay와 está 중 적당한 것을 넣으시오.

1. En el jardín (      ) muchos árboles.

2. Sobre la mesa (      ) botellas.

3. El teatro (      ) al lado del hotel.

4. ¿Sabes si (      ) una piscina detrás del hotel?

5. El banco (      ) debajo del árbol.

6. La cafetería (           ) a la izquierda.

7. La iglesia (           ) en la Plaza de España.

8. Al otro lado de la calle (           ) dos bares.

9. Cerca de los hospitales siempre (           ) farmacias.

10. ¿(           ) un restaurante por aquí?


**III.** **다음 문장을 스페인어로 작문하시오.**

1. 로사는 스페인어과 학생입니다.

2. 너희들 반에는 중국 학생이 있니?

3. 네, 중국학생이 몇 명 있어요.

4. 이 근처에 병원이 있습니까?

5. 빠블로 삐까소는 스페인 출신의 위대한 예술가이다.

6. 우유는 건강에 좋습니다.

7. 스페인 포도주는 유명합니다.

8. 광장 왼쪽에 호텔이 있습니다.

9. 발렌시아는 마드리드의 동쪽에 있습니다.

10. 마드리드의 거리들은 넓고 쾌적합니다.

**라스 벤따스 투우장**  마드리드에 위치해 있으며 1929년에 세워졌다. 2만 2천여  명을 수용할 수 있으며 세비야의 마에스뜨란사 투우장과 더불어 모든 투우사들이 동경하는 꿈의 무대로 알려져 있다. 18세기 초까지만 해도 마드리드에서는 마요르 광장이 투우장으로 사용되었다.

# Lección

# 04

## Los deportes

**산띠아고 베르나베우** 마드리드의 중심에 위치한 레알마
드리드의 홈구장으로 8만 5천 명의 수용 규모를 자랑한다.
1902년에 창단된 레알마드리드는 유럽축구연맹이 주관하
는 최고 권위의 클럽대항전인 UEFA 챔피언스리그를 아홉
차례나 차지한 세계적인 명문 구단이다.

Profesora : ¿Practican ustedes algún deporte? En esta clase vamos a hablar de los deportes más populares en el mundo hispano.

El deporte más popular en los países de habla hispana es el fútbol. En España, México, Argentina, Chile y otros países hispanoamericanos, los niños juegan al fútbol en los parques y en las calles.

Otro deporte que la gente practica mucho es el béisbol. Este deporte, de origen norteamericano, es muy popular en Puerto Rico, Cuba, Venezuela y la República Dominicana.

Los hispanoamericanos también practican deportes como la natación, el tenis, el tenis de mesa, el boxeo, el voleibol, el baloncesto o basquetbol, el patinaje, la gimnasia y el esquí. Hay lugares como Sierra Nevada, en España, donde la gente va a esquiar. También Chile y Argentina tienen lugares para esquiar.

El entusiasmo por los deportes es, sin duda, un rasgo importante del carácter hispano. En Internet podemos ver los logros de los deportistas y consultar las páginas web personales de algunos de ellos.

# Esquema gramatical

## 1. 규칙 변화 동사의 직설법 현재

|  | -AR<br>trabajar | -ER<br>comer | -IR<br>escribir |
|---|---|---|---|
| yo | trabaj-o | com-o | escrib-o |
| tú | trabaj-as | com-es | escrib-es |
| él/ella/usted | trabaj-a | com-e | escrib-e |
| nosotros(as) | trabaj-amos | com-emos | escrib-imos |
| vosotros(as) | trabaj-áis | com-éis | escrib-ís |
| ellos/ellas/ustedes | trabaj-an | com-en | escrib-en |

| 부정문 : | Tú trabajas. | → | Tú no trabajas. |
|---|---|---|---|
| 의문문 : | Juan trabaja mucho. | → | ¿Trabaja mucho Juan? |
|  |  |  | ¿Juan trabaja mucho? |
|  | Pedro come una manzana. | → | ¿Qué come Pedro? |

① hablar, desear, pagar, estudiar, necesitar, tomar

A : El señor Pérez trabaja en una cafetería, ¿no?

B : No, trabaja en un restaurante.


A : ¿Desea una cerveza?

B : Sí, y ella desea tomar un refresco. Yo pago la cuenta.

A : Pero siempre pagas tú. La próxima vez te invito al café.

B : Gracias. Pero yo no tomo café.

A : ¿Necesita usted el mantel?

B : Sí, necesito el mantel y las servilletas.


A : ¿Ustedes estudian francés en la universidad?

B : No, estudiamos español.


② aprender, beber, leer, vender


A : ¿Qué bebes, tequila o vino?

B : Yo no bebo. Tomo un café con leche.


A : ¿Comen ustedes arroz?

B : No, comemos pan.


③ abrir, decidir, escribir, vivir, recibir


A : ¿Dónde vive usted?

B : Vivo en la calle Orense.


A : ¿Escribes cartas de amor?

B : Sí, porque recibo muchas.

## 2. 불규칙 동사 Tener

| Tengo | un hermano |
|---|---|
| Tienes | 20 años |
| Tiene | tiempo |
| Tenemos | frío/calor/sueño |
| Tenéis | fiebre/hambre/sed |
| Tienen | prisa |

A : Profesora Martínez, ¿tiene usted un coche nuevo?

B : Sí, tengo un Tiburón rojo.


A : ¿Cuántos años tiene usted? / ¿Qué edad tiene usted?

B : Tengo veinte años.


A : Esteban, ¿tienes clase ahora?

B : Sí, tengo clase de español.


A : Pepe, ¿tienes tiempo de ir a la fiesta?

B : Lo siento, no tengo tiempo.


A : ¿Qué te pasa? ¿Tienes mucha fiebre?

B : Sí, además tengo mucho sueño.

✳ 비교 : ∼ 해야 한다.

i) tener que + infinitivo (idea de necesidad)

A : ¿Usted tiene que ir a la biblioteca hoy?

B : Sí, tengo que estudiar porque tenemos un examen mañana.

A : ¿Tiene que estudiar mucho para el examen de español?

B : Claro que sí.

ii) deber + infinitivo (idea de obligación moral)

A : Juanito, debes hacer las tareas.

B : De acuerdo, mamá.

A : Niños, no deben cruzar la calle cuando el semáforo está rojo.

B : Perdone, señora. Pero ahora tenemos mucha prisa.

iii) hay que + infinitivo (무인칭 주어)

A : Para la salud hay que hacer ejercicio.

B : Es verdad. Y hay que dejar de fumar también.


# 3. Números

| 31 treinta y uno | 32 treinta y dos | 39 treinta y nueve |
|---|---|---|
| 40 cuarenta | 50 cincuenta | 60 sesenta |
| 70 setenta | 80 ochenta | 90 noventa |
| 100 cien | | |

# Ejercicios

다음과 같이 문장을 완성하시오.

> estudiar : yo / escuela → Yo estudio en la escuela.

1. trabajar :  yo / un restaurante

   Anita / la cafetería

   tú / Barcelona

2. estudiar :  ustedes / francés

   Carlos / italiano

   usted / la lección tres

   Juan y yo / química

3. necesitar :  Ana y Rosa / dinero

   nosotros / una mesa

   yo / pagar la cuenta

   tú / una servilleta

4. desear :  ellos / cerveza

   nosotros / un té

   yo / tomar Coca-Cola

   Cristina / bailar con Luis

II. 다음 문장을 완성하시오.

1. Ella trabaja en Madrid y yo _____ en Barcelona.

2. Tú y yo trabajamos en la cafetería y ellos _____ en un restaurante chino.

3. Carlos estudia matemáticas y nosotros _____ física.

4. Yo deseo estudiar francés y ellos _____ japonés.

5. Nosotros hablamos inglés y el profesor _____ chino.

6. Yo necesito una pluma y tú _____ un bolígrafo.

7. Tú tomas un té y yo _____ un café con leche.

8. Ella toma una cerveza y usted _____ una copa de vino.

## III. 다음 질문에 스페인어로 답하시오.

1. ¿Qué bebes por la mañana : leche, café o chocolate caliente?

2. ¿Qué comes por la noche : pollo asado, pescado o huevos?

3. ¿Ustedes comen temprano o tarde?

4. ¿En qué calle vives?

5. ¿Lees muchos libros?

6. ¿Dónde aprendes a nadar?

7. ¿Escribes a tus padres a menudo?

## IV. 다음과 같이 전화번호를 읽어 보시오.

> A : ¿Cuál es tu número de teléfono? (011-736-6156)
>
> B : Es el cero, once, siete, treinta y seis, sesenta y uno, cincuenta y seis.

1. 016-383-5079          2. 017-254-2675          3. 011-689-5136

4. 019-985-0794          5. 010-872-0695          6. 018-880-8065

**V.** **다음 문장을 스페인어로 작문하시오.**

1. 까를로스는 학교에서 공부한다.
2. 그는 한국에 대해 물어 본다.
3. 아나는 서점에서 책 한 권을 산다.
4. 화장실은 어디에 있습니까?
5. 우리는 후안의 집에 들어간다.
6. 그들은 정원에서 음식을 먹는다.
7. 훌리오는 TV를 볼 시간이 없다.
8. 그녀는 많은 선물을 받는다.
9. 나 무척 배가 고파.
10. 젊은이들은 노인들을 공경해야 한다.

**라스 파야스** 스페인 동부 지중해 연안에 위치한 발렌시아의 불꽃 축제. 이 축제는 발렌시아의 목수들이 산 호세의 날인 3월 19일 전야에 낡고 못쓰는 목재조각들을 쌓아놓고 태웠던 데서 기원하였다. 축제의 마지막 날인 3월 19일에 두꺼운 마분지로 만든 형형색색의 거대한 인형과 조형불늘늘 물태운다.

**멕시코의 혁명벽화** 멕시코시티 곳곳에 산재해 있는 벽화는 멕시코혁명(1910) 이후 멕시코의 국민적 장르가 되었으며, 라틴아메리카는 물론 미국에까지 영향을 끼쳤다. 디에고 리베라, 다비드 시께이로스 그리고 호세 끌레멘떼 오로스꼬가 멕시코 벽화미술의 3대 거장으로 꼽힌다.

**쿠바의 뻬소화** 뻬소는 라틴아메리카에서 가장 많이 사용되는 화폐단위로 쿠바 외에도 멕시코, 콜롬비아, 아르헨티나, 칠레 등지에서 사용되고 있다. 사진 속의 인물은 쿠바의 국부로 추앙받고 있는 시인 · 정치가 호세 마르띠. 그 밖의 화폐단위로는 페루의 누에보 솔, 파라과이의 과라니, 베네수엘라의 볼리바르, 볼리비아의 볼리비아노 등이 있다.

Lección

# 05

## En el aeropuerto

**돈끼호떼와 산초의 동상** 마드리드 중심가에 있는 에스빠냐 광장의 중앙에 서있는 동상. 뒤에 보이는 인물은 『돈끼호떼』의 작가인 미겔 데 세르반떼스. 같은 이름의 광장이 로마, 바르셀로나, 세비야 등 많은 도시들에 산재해 있다.

Cuatro alumnos coreanos están ahora en el aeropuerto de Barajas, en Madrid.

Aduanera : Sus pasaportes, por favor.

Chanjo : Aquí tiene el mío.

Mina : Éste es el mío y aquí tiene los de mis compañeros.

Aduanera : ¿Son ustedes turistas?

Seri : Sí, estamos de vacaciones. Queremos visitar muchos lugares turísticos.

Aduanera : Bienvenidos a España. Éstas son sus maletas?

Insu : No, no son nuestras. Las nuestras son aquéllas.

Aduanera : Bien. Todo está en orden. Feliz estancia en nuestro país.

Chicos : Gracias.

Los chicos salen del aeropuerto y cogen un taxi para ir a su hotel. El taxista empieza a hablar sobre España.

España es un país turístico. Los extranjeros vienen a España porque aquí hay muchos días de sol. Además, tenemos playas muy bonitas y limpias. La capital de España es Madrid. En Madrid es muy famosa la Plaza de España porque allí hay una estatua de Cervantes, el autor de El Quijote. También ustedes tienen que ir a la plaza de toros y probar nuestra comida típica. ¡Es excelente!

# Esquema gramatical

## 1. 지시형용사와 지시대명사

| este libro | éste | |
| esta casa | ésta | |
| estos libros | éstos | esto |
| estas casas | éstas | |
| ese libro |ése | |
| esa casa | ésa | |
| esos libros | ésos | eso |
| esas casas | ésas | |
| aquel libro | aquél | |
| aquella casa | aquélla | |
| aquellos libros | aquéllos | aquello |
| aquellas casas | aquéllas | |

**A :** Ana, ¿no es bonita esta blusa azul?

**B :** No. Prefiero ésa.


**A :** ¿Puedo ver esos vestidos?

**B :** ¡Cómo no! Estos modelos son de última moda.

**A :** ¿Puedo probarme ése?

**B :** ¿Éste? Por supuesto que sí.


**A :** ¿Cómo se llaman estas flores?

**B :** Estas flores son rosas y ésas son violetas.


**A :** ¿Son arquitectos aquellos jóvenes que están allí en el salón?

**B :** Sí, y éstos son artistas.

Esta calle es estrecha y aquélla es ancha.

Éstos son mis tíos y aquéllas son mis primas.

Juan y María son hermanos. Aquél es alto y ésta es baja.

La maestra enseña música a los chicos. Éstos son coreanos y aquélla es española.

※ ¿Qué es esto? / ¿Cuánto vale aquello?

## 2. 소유형용사

① 전치형 : 명사 앞에 위치

| 소유 대상이 단수명사 | | 소유 대상이 복수명사 | |
|---|---|---|---|
| mi<br>tu<br>su | libro<br>casa | mis<br>tus<br>sus | libros<br>casas |
| nuestro / nuestra<br>vuestro / vuestra<br>su | libro / casa | nuestros / nuestras<br>vuestros / vuestras<br>sus | libros / casas |

A : ¿Dónde está tu casa?

B : Mi casa está cerca de la casa de mis padres.


A : ¿Sus hermanas viven cerca de su casa?

B : No, mis hermanas viven cerca de la casa de mis primos.


A : Pedro y Ana tienen un hijo precioso.

B : ¿Cuántos años tiene su hijo?

A : Tiene 5 años.


A : ¿Dónde viven vuestros abuelos?

B : Nuestros abuelos viven en el campo. Viven con mis tíos.


A : Mi hermana está casada y tiene una hija.

B : ¿Cómo se llama tu cuñado?

A : Mi cuñado se llama Diego. Y mi sobrina se llama Cristina.


※ Vendemos su coche.

→ Vendemos el coche de él / de ella / de ellos / de ellas / de usted /

de ustedes


② 후치형 : 명사 뒤에 위치

| 소유 대상이 단수명사 | | 소유 대상이 복수명사 | |
|---|---|---|---|
| el libro mío | la casa mía | los libros míos | las casas mías |
| el libro tuyo | la casa tuya | los libros tuyos | las casas tuyas |
| el libro suyo | la casa suya | los libros suyos | las casas suyas |
| el libro nuestro | la casa nuestra | los libros nuestros | las casas nuestras |
| el libro vuestro | la casa vuestra | los libros vuestros | las casas vuestras |
| el libro suyo | la casa suya | los libros suyos | las casas suyas |


## 3. 소유대명사 : 정관사＋후치형 소유형용사

(Ser 동사 뒤에 오는 경우에는 일반적으로 관사가 생략된다.)


A : ¿Éstas son mis llaves?

B : No, las tuyas están al lado del florero.

A : ¿Es ésta tu blusa?

B : No, no es mía; es tuya. La mía es verde.


A : ¿Son de Alfredo estos zapatos?

B : Sí, son suyos.


A : ¿Es de Carmen este libro?

B : No, no es suyo; es mío. El suyo está en su escritorio.


## 4. 어간 모음 변화 동사 : e > ie

| pensar | entender | preferir |
|---|---|---|
| pienso | entiendo | prefiero |
| piensas | entiendes | prefieres |
| piensa | entiende | prefiere |
| pensamos | entendemos | preferimos |
| pensáis | entendéis | preferís |
| piensan | entienden | prefieren |

① pensar, cerrar, empezar, etc.


A : ¿Qué piensas hacer esta noche?

B : Pienso ir al cine con María.


A : ¿En qué piensas?

B : Pienso en mi novia. La echo de menos.

A : ¿Cierran temprano el banco en España?

B : Sí, cierran a las dos de la tarde. Tienes que darte prisa.

② entender, perder, etc.

A : ¿Entiendes francés?

B : No, no entiendo francés.

A : ¿Cómo va el partido?

B : Perdemos por uno a cero.

③ preferir, sentir, etc.

A : ¿Qué tipo de música prefieren los jóvenes de hoy?

B : Los jóvenes de hoy prefieren la música rock a la música clásica.

❊ Querer 동사 변화와 용법

| | |
|---|---|
| Quiero<br>Quieres<br>Quiere<br>Queremos<br>Queréis<br>Quieren | una cerveza<br>a Juan<br>comer |

A : ¿Quieres un café?

B : No, gracias. Prefiero tomar un zumo de manzana.

A : Fernando, ¿me quieres?

B : Claro que sí. Te quiero mucho.


A : ¿Qué quieren hacer este invierno?

B : Queremos viajar por México y visitar a nuestros amigos. ¿Quieres acompañarnos?

A : Lo siento, pero no puedo.

**라만차의 풍차** 스페인 중남부의 고원지대에 위치한 라만차는 미겔 데 세르반떼스의 불후의 명작 『돈끼호떼』의 무대로 유명하며 실제로 이 작품과 연관되는 지명이 많다. 1부 제8장에서 돈끼호떼는 풍차를 거인으로 착각하여 격투를 벌인다.

# Ejercicios

I. 다음에 해당하는 소유형용사 또는 소유대명사를 넣으시오.

1. (나의) ＿＿＿＿＿＿＿＿ cartera está en la biblioteca.

2. (너의) ＿＿＿＿＿＿＿＿ llaves están sobre la mesa.

3. (당신들의) ＿＿＿＿＿＿＿＿ coche es nuevo.

4. (우리들의) ＿＿＿＿＿＿＿＿ casa es grande.

5. (그녀의) ＿＿＿＿＿＿＿＿ maletas son negras.

6. (너희들의) ＿＿＿＿＿＿＿＿ amigo es simpático.

7. (나의 것들은) ＿＿＿＿＿＿＿＿ son muy bonitas.

8. (그들의 것은) ＿＿＿＿＿＿＿＿ es alto.

9. (너의 것은) ＿＿＿＿＿＿＿＿ es buena.

10. (당신들의 것은) ＿＿＿＿＿＿＿＿ es bajo.

II. 다음과 같이 소유대명사를 사용하여 문장을 재구성하시오.

> Patricia busca sus zapatos y mis zapatos.
>
> → Patricia busca sus zapatos y los míos.

1. ¿Dónde están mis calcetines? Tus calcetines están sobre la mesa.

2. Nuestras primas no están con tus primas.

3. Juan compra mi entrada y tu entrada.

4. Éstos son mis cuadros. ¿Dónde están tus cuadros?

5. ¿Tiene usted su cartera o mi cartera?

6. Yo tengo mis medias, pero Susana no tiene sus medias.

## III. 괄호 속의 동사를 알맞게 변화시키고 해석하시오.

1. Ana (cerrar) _____ la puerta.

2. La clase de español (empezar) _____ hoy.

3. En la librería también (vender) _____ revistas.

4. Juan (escribir) _____ una carta a su novia todos los días.

5. Pedro (tener) _____ calor pero no (abrir) _____ la ventana.

6. ¿Qué (preferir, usted) _____, café o té?

7. Mi novio (mentir) _____ mucho.

8. ¿(querer, tú) _____ ir al cine esta noche?

9. Mis tíos (pasar) _____ unos días en el campo.

10. ¿Y qué (querer) _____ hacer Esteban y Carmen?


## IV. 다음 문장을 스페인어로 작문하시오.

1. 그의 여동생은 키가 크고 예쁘다.
2. 이 거리는 깨끗하지만 저 거리는 더럽다.
3. 루이스는 오늘 밤에 마리아와 영화관에 갈 생각이다.
4. 이 차는 누구의 것입니까?
5. 뻬레스씨, 서울에 오신 것을 환영합니다.
6. 이게 뭡니까? – 시청입니다.
7. 나의 사촌인 세리는 서울에서 부모님과 함께 산다.
8. 이번 주말에 그들은 해변에 가고 싶어 한다.
9. 대단히 죄송합니다만, 지금 바로 가게 문을 닫아야합니다.
10. 나의 어머니는 키가 크지만 너의 어머니는 키가 작다.

**빠에야** 프라이팬에 쌀과 고기, 해산물 등을 함께 볶고 사프란으로 향을 내는 스페인의 전통요리. 8세기부터 시작된 이슬람 지배의 영향으로 스페인 동부의 발렌시아 지방에서 시작되었으나 지금은 어디서나 맛볼 수 있는 스페인의 대표적인 요리가 되었다. 요리의 이름인 빠에야는 바닥이 얕은 둥근 모양에 양쪽에 손잡이가 달린 프라이팬을 가리키는 말이다.

Son las ocho de la noche y los chicos coreanos tienen mucha hambre, y por eso ellos deciden ir a un restaurante para cenar.

Chanjo : Buenas noches. Queremos ir a cenar. ¿Conoce usted un buen restaurante de comida española?

Recepcionista : Pero todavía es temprano para cenar.

Seri : ¡No! Es muy tarde.

Recepcionista : Creo que el horario de las comidas en Corea y en España es muy diferente.

La recepcionista empieza a hablar sobre este tema.

En España, la primera comida del día -el desayuno- no es abundante. La mayoría de la gente suele tomar café con leche, tostadas, algún bollo o galletas. La comida más importante -el almuerzo o la comida- es al mediodía, entre la una y las tres de la tarde. Se come un primer plato a base de verduras, legumbres, arroz..., y un segundo plato que puede ser carne o pescado. También se toma postre : fruta o algún dulce. Es habitual acompañar las comidas con vino y tomar café después del postre. Algunas personas conservan la costumbre de dormir la siesta durante veinte o treinta minutos. La última comida del día es la cena, entre las nueve y las diez de la noche. Se toma algo ligero como sopa, verdura, huevos, queso, fruta, etc. También existe la merienda, una comida a media tarde, hacia las seis. Los niños suelen comer un bocadillo, fruta o toman un vaso de leche con galletas.

# Esquema gramatical

## 1. Ir 동사 변화와 용법

| ¿Adónde vas ahora? | | | | |
|---|---|---|---|---|
| Voy | | | | mercado |
| Vas | | | | cine |
| Va | + | al | + | restaurante |
| Vamos | | a la | | biblioteca |
| Vais | | | | escuela |
| Van | | | | playa |

| ¿Qué vas a hacer mañana? | | | | |
|---|---|---|---|---|
| Voy | | | | ver la televisión |
| Vas | | | | escuchar música |
| Va | + | a | + | viajar |
| Vamos | | | | dar una fiesta |
| Vais | | | | bailar en una discoteca |
| Van | | | | pasear por el centro |

A : ¿Adónde van ahora?

B : Vamos a la fiesta de Rosa.

A : Yo no voy porque estoy cansada. ¿Con quién van a ir?

B : Vamos con Raúl.


A : ¿Qué van a hacer ustedes este fin de semana?

B : Vamos a jugar al tenis.


A : ¿Qué van a hacer los chicos durante las vacaciones de invierno?

B : Van a esquiar.

## 2. 시간의 표현

① ¿Qué hora es? / ¿Qué hora tienes?

| Es | la | una | | | |
|----|-----|-------|--------|-------|--------------|
| | | dos | y | | |
| | | tres | | cinco | |
| | | cuatro | | diez | |
| | | cinco | | cuarto | de la mañana |
| | | seis | | veinte | de la tarde |
| Son | las | siete | | media | de la noche |
| | | ocho | | | |
| | | nueve | menos | | |
| | | diez | | | |
| | | once | | | |
| | | doce | | | |

A : Perdón, señor. ¿Tiene hora?

B : Son las ocho y cuarto.


A : ¿Qué hora es?

B : Son las dos menos veinte.

A : ¿Cómo?

B : Es la una y cuarenta.


A : ¿A qué hora empieza la clase de español?

B : Empieza a las diez de la mañana y termina a las once y media.


A : ¿Trabajas por la mañana?

B : Sí, trabajo de nueve a doce.

A : Pues, yo trabajo desde las diez hasta las dos de la tarde.

## 3. 의문사

① quién, quiénes

¿Quién es?                          - Es Juan.

¿Quiénes son esos niños?            - Son los hijos del Sr. Martínez.

② qué

¿Qué es esto?                       - Es una manzana.

¿Qué haces?                         - Leo el periódico de hoy.

¿Qué lenguas hablas?                - Hablo coreano, inglés y español.

③ cuál, cuáles

¿Cuál es la moneda de tu país?      - Es el won / el peso.

¿Cuáles son tus cuadros?            - Éste, ése y aquél.

④ dónde

¿Dónde vives?                       - Vivo en Seúl.

⑤ cuándo

¿Cuándo es tu cumpleaños?           - Es el quince de agosto.

¿Cuándo vas a salir?                - A las seis y media de la tarde.

⑥ cuánto, cuánta, cuántos, cuántas

¿Cuánto es? / ¿Cuánto vale?         - Cincuenta euros.

¿Cuántos coches hay?                - Hay cinco coches.

¿Cuántas hermanas tienes?           - Tengo dos hermanas.

⑦ cómo

¿Cómo es tu profesora?　　　　- Es guapa y simpática.

¿Cómo vienes a clase?　　　　- Vengo en metro.


⑧ por qué

¿Por qué no vas a trabajar?　　- Porque estoy cansado.

¿Por qué estudias español?　　- Porque quiero ir de vacaciones a Cuba.


❇ 의문문에서의 전치사의 위치

> ¿ 전치사 + 의문사 + 동사 + 주어 ?

¿De dónde es usted?　　　　　- Soy de Japón.

¿Con quién vives?　　　　　　- Vivo con mi hermano.

¿Adónde vas?　　　　　　　　- Voy al centro comercial.

¿Para quién compras estas flores?　- Para mi media naranja.


## 4. conocer와 saber 동사의 의미 차이

① saber: 사실, 진리 등의 인지

| | |
|---|---|
| Sé | conducir coche |
| Sabes | hablar español |
| Sabe | geometría |
| Sabemos | dónde está María |
| Sabéis | su nombre |
| Saben | la verdad |

A : ¿Saben ellos manejar el ordenador?

B : Sí, también saben usar el Internet.

A : ¿Sabe usted dónde está la embajada de Corea del Sur?

B : Sí, está en la calle Miguel Ángel.

② conocer: 사람이나 도시(지리) 등, 직접 보아서 아는 것

| Conozco | |
|---|---|
| Conoces | a María |
| Conoce | a los invitados |
| Conocemos | a aquellos dos profesores |
| Conocéis | la Ciudad de México |
| Conocen | |

A : ¿Conoces al diplomático coreano?

B : ¿Al señor Kim? Sí, lo conozco muy bien. Somos amigos.

A : ¿Conoces Argentina?

B : No. Yo conozco otros países latinoamericanos, pero no conozco Argentina.

## 5. números

| | | |
|---|---|---|
| 101 ciento uno | 199 ciento noventa y nueve | |
| 200 doscientos | 300 trescientos | 400 cuatrocientos |
| 500 quinientos | 600 seiscientos | 700 setecientos |
| 800 ochocientos | 900 novecientos | 1.000 mil |
| 2.000 dos mil | 30.000 treinta mil | 100.000 cien mil |

1.000.000 un millón       3.000.000 tres millones

※ cien mujeres / ciento ocho mujeres

※ doscientas nueve casas

doscientas una alumnas / ciento una alumnas

doscientos un alumnos

tres millones de habitantes

**시에스따** 스페인·라틴아메리카 등지에서 찾아볼 수 있는 전통적인 낮잠 풍습. 일의 능률을 현저히 떨어뜨리는 한낮의 무더위 때문에 생겨났으며 시에스따 시간은 대체로 오후 1시부터 4시까지이다. 시에스따 중에는 상점들은 물론 관공서도 문을 닫고 낮잠을 즐기므로 오랫동안 스페인어권 사람들의 게으름의 상징처럼 여겨져 왔다. 그러나 최근 스페인에서는 오후 6시면 정부청사 건물을 모두 닫아야 한다는 법률이 통과됨으로써 시에스따가 사라질 운명에 처했다.

# Ejercicios

I. 다음 예문과 같이 답하시오.

> ¿A qué hora sale el tren?　　- El tren sale a las 12 : 00.
> ¿A qué hora llega?　　　　- Llega a las 3 : 40.

| | |
|---|---|
| 1. el tren | 10 : 15 / 8 : 00 |
| 2. el autobús | 11 : 10 / 5 : 30 |
| 3. el avión | 10 : 20 / 4 : 25 |
| 4. el cartero | 10 : 05 / 3 : 10 |
| 5. el médico | 8 : 45 / 9 : 35 |
| 6. la enfermera | 12 : 35 / 1 : 15 |
| 7. la secretaria | 4 : 45 / 2 : 22 |
| 8. la señora | 5 : 50 / 6 : 40 |
| 9. la profesora | 3 : 25 / 11 : 03 |
| 10. María | 6 : 25 / 11 : 20 |

II. 다음 질문에 답하시오.

1. ¿Cómo te llamas?

2. ¿Cuál es tu nacionalidad?

3. ¿Dónde vives?

4. ¿Qué haces con tus amigos después de la clase?

5. ¿A qué hora empieza la clase de español?

6. ¿A qué hora toma usted el desayuno?

7. ¿Por qué estudias español?

8. ¿Qué lenguas hablas?

9. ¿Cuántos hermanos tienes?

10. ¿Cómo vienes a clase?


**III.** saber나 conocer 중 알맞은 동사를 넣어 문장을 완성하시오.

1. Marcos _____ a Rosa.

2. Yo _____ la verdad sobre este asunto.

3. Ellas no _____ la ciudad.

4. Ella _____ que mi marido está aquí.

5. Nosotros _____ química.

6. Yo _____ muy bien el restaurante.

7. Nosotros _____ dónde está la embajada.

8. Yo no _____ qué día es hoy.


**IV.** 다음 예문과 같이 숫자를 스페인어로 쓰시오.

| 21 diccionarios | → | veintiún diccionarios |
|---|---|---|
| 1.098 casas | → | mil noventa y ocho casas |

1. 41 periódicos      →

2. 51 sillas          →

3. 705 casas          →

4. 3.544 habitantes   →

5. 1.102 libros       →

6. 20.000 euros       →

7. 350.000 dólares    →

8. 2.554 alumnos      →

9. 1.300 chicas       →

10. 616 alumnas      →

**V.** 다음 문장을 스페인어로 작문하시오.

1. 이번 주말에 뭐 하니?

2. 9시부터 1시 그리고 오후 4시부터 8시까지 일합니다.

3. 이번 여름방학에는 무엇을 할 겁니까?

4. 알리시아와 로사는 매일 스페인어 학원에 갑니다.

5. 나는 오늘 오후에 친구와 쇼핑갈 거예요.

6. 축구시합은 오후 4시 30분에 시작합니다.

7. 서울은 인구가 얼마나 됩니까?

8. 너는 나의 애인 세리를 아니?

9. 이 대학교에는 몇 명의 학생이 있습니까? 2만 명이 있습니다.

10. 저 차는 얼마입니까? 3만 유로(euro)입니다.

**세고비아의 로마 수도교(水道橋)** 기원 1세기경에 건설된 수도교로 전체 길이 728m, 높이 28m이며 167개의 아치가 있다. 시멘트나 회반죽 같은 접착제를 전혀 사용하지 않고 화강암 블록을 겹쳐 쌓아올렸으며 2000년의 세월에도 끄떡없는 견고함을 지랑힌다.

**시벨레스광장** 마드리드를 종횡으로 관통하는 간선도로인 까스떼야나 대로와 알깔라 거리가 만나는 곳에 위치한 광장. 화려한 중앙우체국 건물이 시선을 끄는 이 광장의 중앙에는 대지의 여신 시벨레스의 분수가 있다. 레알 마드리드가 리그에서 우승하거나 숙적 바르셀로나 팀을 물리치는 날이면 승리의 기쁨에 들뜬 축구팬들이 몰려들어 온통 축제 분위기에 휩싸인다.

# 07

## El cumpleaños de un nuevo amigo español

**바** 바에 모여 이웃들과 시끌벅적 대화를 즐기는 스페인 사람들에게 바는 매우 중요한 생활공간이다. 사진 뒤쪽에 스페인의 가장 대중적인 식품의 하나인 하몬(jamón)이 걸려있다. 하몬은 돼지 뒷다리의 넓적다리 부위를 통째로 소금에 절여 건조하고 신선한 바람에 말린 스페인의 전통 햄이다.

En un bar cerca de la Plaza de España, Insu y Seri conocen a unos chicos españoles de su edad.

Juan : Hola, buenas noches. ¿De dónde sois?

Insu : Somos de Corea del Sur.

Seri : ¿Sois de Madrid?

María : Juan, sí. Pero yo, no. Soy de Barcelona. Estudio psicología en la Universidad Complutense de Madrid.

Juan : Y vosotros, ¿estáis de vacaciones?

Seri : Sí, vamos a viajar por España y Latinoamérica.

María : ¡Ay! ¡Qué envidia tengo!

Juan : Por cierto, ¿qué vais a hacer el próximo viernes por la noche? Es mi cumpleaños y voy a dar una fiesta.

Insu : Nada, encantados con tu invitación. Queremos saber cómo es una fiesta española.

Seri : ¿Cuántos años cumples?

Juan : Veintidós.

Insu : ¡Hombre! ¡Tenemos la misma edad! Yo también voy a cumplir 22 años el próximo mes.

Seri : Pero, ¿dónde vives? ¿Cuál es tu dirección?

Juan : Vivo en la calle Princesa, número 12.

Seri : ¿En qué piso?

Juan : En el quinto, puerta derecha. Mi teléfono es el 562 73 88.

María : Y vosotros, ¿en qué hotel estáis?

Insu : En el hotel Regina cerca de aquí. El número de nuestra habitación es el 515.

María : Bueno, vamos a bailar y después hablamos más.

# Esquema gramatical

## 1. 수사

### ① 기수

| ¿Cuántos años tienes? / ¿Cuántos años tiene usted? | | |
|---|---|---|
| Tengo | trece, catorce, quince | años |
| | dieciséis, diecisiete, ... veinte | |
| | veintiún, veintidós, veintitrés, ... treinta | |
| | cuarenta, cincuenta, sesenta, setenta, ochenta, noventa, cien | |

### ② 서수

| Vivimos | en | la | primera segunda tercera cuarta quinta ... décima | planta |
|---|---|---|---|---|
| Vivimos | en | el | primer ... tercer ... sexto séptimo octavo noveno décimo | piso |

A : ¿La oficina de Álvaro está en el séptimo piso?

B : No, está en la octava planta.


A : ¿En qué piso vives? ¿En el segundo?

B : No, vivo en el piso bajo.


A : ¿Cuál es tu dirección?

B : Calle Goya, número 35, cuarto B. (C/Goya, n° 35, 4° B)


## 2. 날짜, 요일에 관한 표현

① 날짜와 달

| ¿Qué fecha es hoy? / ¿A cuántos estamos hoy? | | | |
|---|---|---|---|
| Hoy es el | primero | | enero |
| | dos | | febrero |
| | tres | | marzo |
| | cuatro | | abril |
| | ... | | mayo |
| | diez | de | junio |
| | ... | | julio |
| | veinte | | agosto |
| Estamos a | ... | | septiembre |
| | treinta | | octubre |
| | treinta y uno | | noviembre |
| | | | diciembre |

A : ¿Cuándo es tu cumpleaños?

B : Es el 2 de marzo.

A : Entonces, ¿a cuántos estamos?

B : Estamos a primero de marzo.

A : ¡Feliz cumpleaños!

② 요일

| ¿Qué día (de la semana) es hoy? | |
| --- | --- |
| Hoy es | lunes |
| | martes |
| | miércoles |
| | jueves |
| | viernes |
| | sábado |
| | domingo |

A : ¿Tienes clase de español hoy?

B : No, tengo clase de español el lunes y el miércoles.

A : ¿Qué día de la semana es hoy?

B : Hoy es jueves y mañana es viernes.

A : ¿Qué haces los sábados y los domingos?

B : Los sábados voy a la casa de mis padres y los domingos estoy en casa todo el día.

## 3. 전화 대화

A : ¿Sí, diga?

B : Hola, buenas tardes. ¿Está Ignacio?

A : Un momento, ahora se pone. ¿De parte de quién?

B : De José, un compañero suyo.


A : ¿Bueno?

B : Hola, buenos días. ¿Puedo hablar con el profesor Moreno?

A : Sí, en seguida le contesta. ¿Quién habla?

B : Habla Ana María.

A : Un momentito, por favor.


A : ¿Dígame?

B : ¿Podría hablar con el señor Montero?

A : No, no es aquí. Se ha equivocado. ¿Qué número ha marcado?

B : Perdone.


A : ¿Diga?

B : ¿Está María?

A : No, no está. ¿Quiere dejar algún recado?

B : No, vuelvo a llamarla. Gracias.

**빠따고니아** 서(西)로는 안데스의 빙하가 만든 피요르드 지형이, 동(東)으로는 끝 모를 대평원이 펼쳐진, 남아메리카의 남위 39도 이남 지역. 19세기 후반에야 문명의 손길이 뻗치기 시작한 세계 최남단의 처녀지로 농작물 재배가 불가능한 황량한 바람의 땅이다. 셰익스피어의 『템페스트』, 스위프트의 『걸리버 여행기』, 생텍쥐페리의 『야간 비행』, 코난 도일의 『잃어버린 세계』 등 많은 문학작품들이 이곳에서 영감을 얻었다.

# Ejercicios

**I.** 다음 질문에 답하시오.

1. ¿A cuántos estamos hoy?      →

2. ¿Cuántos meses tiene un año?      →

3. ¿Cuántos días hay en una semana?      →

4. ¿Cuál es el último mes del año?      →

5. ¿Cuál es el primer día de la semana?      →

6. ¿Cuántos días tiene un año?      →

7. ¿Cuántas estaciones hay en el año?      →

8. ¿Cuántos años tienes?      →

9. ¿Cuántos años vas a cumplir?      →


**II.** 다음 전화 대화를 주어진 내용에 따라 완성하시오.

1. **A** : ¿Diga?

   **B** : 안또니오 있어요?

2. **A** : ¿Puedo hablar con Pablo?

   **B** : 전데요.

3. **A** : ¿Está Juan, por favor?

   **B** : 욕실에 있어서 바꿔줄 수가 없어요.

4. **A** : ¿Podría hablar con el señor Torres?

   **B** : 지금 없는데, 메시지 남기시겠어요?

5. **A** : ¿Bueno?

   **B** : 끄리스띠나 있어요?

   **A** : 몇 번에 거셨어요? 잘못 거셨는데요.

6. **A** : ¿Puedo hablar con José?

B : 누구신데요?

A : De Mario, un amigo suyo.

B : 잠시만 기다리세요. 지금 바꿔 드릴게요.


## III. 주어진 예문과 같이 날짜를 말해보시오.

¿Qué fecha es hoy? (1/10/1986) →

Es el primero de octubre de mil novecientos ochenta y seis.

1. 5/5/1982
2. 16/8/1990
3. 1/7/2005
4. 28/2/2030
5. 13/9/1999
6. 30/11/2015


## IV. 다음 문장을 스페인어로 작문하시오.

1. 오늘이 무슨 요일이죠? – 수요일입니다.
2. 내일은 2010년 1월 1일입니다.
3. 너는 몇 층에 사니? – 일층에 살아.
4. 교실에 몇 명의 여학생이 있습니까?
5. 오늘 우리들은 3과를 공부합니다.
6. 그는 다음 달에 23살이 된다.
7. 그는 호세와 동갑이다.
8. 너는 8월 둘째 주에 뭐할 거니?
9. 나는 아르헨티나로 여행갈 거야.
10. 내일은 내 생일이어서 많은 사람들을 초대할 거야.

**깐꾼** 유까딴 반도의 북동부에서 카리브 해에 면해 있는, 멕시코가 자랑하는 대규모 휴양지. 1970년대에 멕시코 정부가 본격적으로 개발하였으며, 너비 400m 정도의 좁고 긴 ㄴ자형 산호의 섬 위에 초현대식 호텔들이 해변을 따라 늘어서면서 세계적인 휴양지가 되었다. 인근에는 마야 유적지가 산재해 있다.

Los cuatro chicos coreanos están en Sevilla, una ciudad de Andalucía.

Chanjo : ¿Qué tiempo hace hoy?

Seri : Está despejado. Hace mucho sol. ¿Por qué no salimos a conocer la ciudad?

Chanjo : Buena idea. Pero, como estamos en verano, ¿no va a llover más tarde?

Seri : En España no suele llover en verano, al contrario de Corea. Aquí en verano el clima es seco.

En un bar en la calle, conocen a un camarero mexicano.

Insu : En México, ¿hace mucho calor en verano?

Camarero : Sí, pero llueve mucho también. Llueve muy fuerte durante algunas horas y después hay sol otra vez.

Chanjo : ¡Ay! ¡Como en Corea! Es "lluvia de zorra", porque es muy caprichosa, como la zorra.

Camarero : ¡Qué interesante!

Seri : Oye, ¿cómo son las playas de México?

Camarero : Son preciosas, especialmente las del mar del Caribe, como Cancún. En Cancún, el mar es de color azul claro y la arena de la playa es blanca y muy fina. ¿En Corea hay playas bonitas?

Seri : Hay muchas, especialmente en la isla de Jeju. Toda la isla tiene un color azul, un mar azul, un cielo azul y la gente también tiene un espíritu puro como el azul claro. Si un día vas a Corea, tienes que visitar ese lugar.

# Esquema gramatical

## 1. 어간 모음 불규칙 변화 동사: o > ue

| contar | | mover | | dormir | |
|---|---|---|---|---|---|
| cuento | contamos | muevo | movemos | duermo | dormimos |
| cuentas | contáis | mueves | movéis | duermes | dormís |
| cuenta | cuentan | mueve | mueven | duerme | duermen |

① almorzar, costar, recordar, volar, encontrar, etc.

A : ¿A qué hora almuerzan los españoles?

B : Almuerzan sobre las dos.


A : ¿Cuánto cuesta esta computadora?

B : Cuesta mil quinientos euros.


A : ¿Recuerdas que tenemos una reunión esta tarde?

B : Sí, lo recuerdo.


② poder, volver, llover, soler, etc.

A : ¿Puedes venir a mi casa el próximo viernes?

B : Lo siento. No puedo ir, porque el lunes voy a Busan.

A : ¿Cuándo vuelves?

B : Vuelvo el jueves a las 8 de la noche.


A : ¿Qué sueles hacer los sábados?

B : Suelo dormir y descansar en casa.

③ dormir, morir

A : ¿Duermes bien por la noche? ¿Cuántas horas duermes al día?

B : No duermo mucho. Cinco o seis horas.


## 2. 어간 모음 불규칙 변화 동사: e > i

servir, seguir, conseguir, repetir, etc.

| pedir | |
| --- | --- |
| pido | pedimos |
| pides | pedís |
| pide | piden |

A : ¿Qué quieren pedir ustedes para el postre?

B : Mi amigo pide una tarta de queso y yo quiero pedir un helado.


A : ¿Para qué sirve esta máquina?

B : No sirve para nada, porque no funciona; está estropeada.


A : ¿Seguimos esta calle para ir a la biblioteca?

B : Sí, correcto.


A : ¿Dónde consigues los folletos de información?

B : Los consigo en la oficina de turismo.

## 3. 날씨와 계절에 관한 표현

| ¿Qué tiempo hace hoy? |
|---|

- Hace (mucho) ⎰ frío.
  - calor.
  - sol.
  - viento.
  - fresco.
- Hace (muy) ⎰ buen tiempo.
  - mal tiempo.
- Llueve.
- Nieva.
- Hay niebla / tormenta / chubasco.
- Está nublado / despejado.

A : ¿Cuántas estaciones hay en Corea?

B : Hay 4 estaciones: primavera, verano, otoño e invierno.


A : ¿Qué tiempo hace en verano en Corea?

B : Hace mucho calor y llueve mucho. El clima es húmedo.

A : ¿Y en invierno?

B : Hace mucho frío. Nieva mucho y el clima es seco.


A : ¿Cómo es el clima de España en verano?

B : Hace mucho sol y hace muchísimo calor.


A : ¿Vas a limpiar el coche?

B : No, porque hace mucho viento y va a llover.

## 4. 부사의 구성

| | | |
|---|---|---|
| especial | → | especialmente |
| probable | → | probablemente |
| general | → | generalmente |
| lento | → | lentamente |
| rápido | → | rápidamente |
| seguro | → | seguramente |
| lento y cuidadoso | → | lenta y cuidadosamente |

Juan nos explica claramente este problema.

Desgraciadamente, Carmen no aprueba el examen.

María aprende a cocinar muy fácilmente.

Política y económicamente, Corea ya es un país moderno.

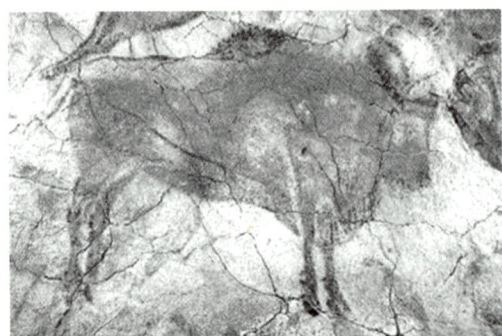

**알따미라동굴** 스페인 북부의 산딴데르 서쪽 30km 지점에 위치한 선사시대의 동굴유적. 매머드, 들소, 사슴, 멧돼지 등이 그려진, 세계에서 가장 오래된 동굴벽화를 통해 구석기인들의 생활상을 엿볼 수 있다.

# Ejercicios

**I.** 주어진 동사원형을 변화시키고 대화를 완성하시오.

1. **A :** ¿<u>Dormir</u> ustedes en la clase de español?

   **B :** ¡Claro que no! Nunca _____ en clase, porque nos divertimos mucho.

2. **A :** ¿<u>Almorzar</u> ustedes en casa o en el trabajo?

   **B :** Generalmente _____ en casa con la familia.

3. **A :** ¿<u>Volver</u> ustedes al trabajo después de almorzar?

   **B :** Sí, _____ a las dos.

4. **A :** ¿<u>Jugar</u> (tú) al tenis los domingos?

   **B :** Sí, _____ al tenis con mis amigos.

5. **A :** ¿<u>Recordar</u> (tú) a ese chico coreano?

   **B :** Sí, pero no _____ su nombre.

6. **A :** ¿<u>Llover</u> mucho ahora?

   **B :** No tanto, pero (tú) <u>tener</u> que llevar paraguas.

7. **A :** ¿Cómo te <u>encontrar</u> (tú)?

   **B :** Me _____ muy bien.

8. **A :** ¿(Vosotros) <u>poder</u> ir a jugar al fútbol?

   **B :** Sí, (yo) _____ ir, pero Alberto no _____ ir, porque tiene mucho trabajo que hacer.

**II.** 문맥에 맞는 단어를 아래에서 골라 예문처럼 문장을 만드시오.

> Tenemos calor. (abrir / ventana) → Abrimos la ventana.

1. Tenemos sed.                 →

2. Juan tiene prisa.           →

3. Tienen muchos exámenes.   →

4. Ahora llueve mucho.         →

5. Tengo tiempo.              →

---

estudiar / toda la noche

beber / agua

leer / periódico

coger / taxi

llevar / paraguas

---

**III.** 다음 표에 나오는 형용사를 활용해서 적당한 부사를 만들어 문장을 완성하시오.

> especial, desgraciado, fácil, lento, cuidadoso, claro, general, rápido

1. Ella habla _____ y _____ , pero no entiendo sus palabras.
(천천히 그리고 분명하게)

2. _____ estudio por la noche. (보통)

3. Ellos caminan _____. (빨리)

4. Voy a comprar un ramo de rosas _____ para ti. (특별히)

5. _____ no tenemos vacaciones este verano.(불행히도)

6. Podemos traducir la lección _____ . (쉽게)

7. Hay que hacer el trabajo _____ . (조심해서)

다음 소개문을 참고하여 각자 자기소개를 해 보시오.

Me llamo Juan Romero. Tengo veintidós años. Vivo en Madrid. En mi familia somos cinco. Mi padre es ingeniero y trabaja en Telefónica. Mi madre es ama de casa. Tengo un hermano y una hermana. Mi deporte favorito es el fútbol. Estudio psicología en la Universidad Autónoma de Madrid. Por la noche trabajo en una cafetería. Mi número de teléfono es 649 37 85. Mi correo electrónico es el siguiente: romero@hotmail.com

**부에노스아이레스 중심가** '남아메리카의 파리'로 불리는 아르헨티나의 수도. 1536년에 창건되었고 18세기에 식민지 수도가 되면서 크게 발전하였으며, 주민은 주로 이탈리아계와 스페인계 이민의 자손들이다. 가운데 오벨리스크는 부에노스아이레스 창건 400주년 기념탑이다.

**태양의 돌** 아스떼까인들의 달력. 멕시코시티의 국립인류학박물관에 소장되어 있으며 직경이 3.6m 이고 무게는 24톤에 이른다. 거대한 원반형의 암석에 새겨진 조각은 태양의 상징 및 그 운행을 나타내는 도식일 뿐만 아니라 아스떼까인들의 우주관을 나타낸다. 중앙에는 피에 굶주린 태양신의 얼굴이 그려져 있고, 십자로 상징된 현세와 태고의 네 태양계가 그 주위를 둘러싸고 있다. 바깥쪽에는 그림문자로 날짜와 연대가 동심원상으로 나타나 있다. 끝으로 가장자리에는 두 개의 '터키돌의 뱀(시우꼬아뜰)'의 기호가 조각되어 52년을 단위로 하는 아스떼까력(曆)의 2주기를 나타내고 있다.

# Lección

## 09

### Primer premio

**마르꼬스** 1994년 멕시코 치아빠스 주(州)의 마야계 원주민들에 대한 토지 분배와 처우 개선을 요구하며 봉기한 반정부 투쟁단체 사빠띠스따민족해방군(EZLN)의 지도자. '무기의 전쟁'이 아닌 '언어의 전쟁'이라는 새로운 투쟁방식을 통해 반세계화·반신자유주의 연대 투쟁의 상징적 존재로 부각되었다.

Al regresar de la cena, Insu propone a sus amigos ir al bar del hotel para tomar alguna bebida típica. El camarero, un señor de edad avanzada, muy amablemente les recomienda la horchata. Todos aceptan y el camarero se queda con ellos conversando.

Camarero : ¿En Corea hay buenos chistes?

Chanjo : Sí, hay buenos chistes, pero yo no soy bueno para contarlos.

Camarero : Entonces, yo les cuento uno.

---

Una señora está sola en su casa. Vestida con una bata cómoda, descansa mientras lee el periódico de la mañana. De pronto, suena el teléfono. Al otro lado de la línea habla una voz excitada de hombre:

A : Oye, Olga, soy yo. ¡Mañana nos vamos de vacaciones al Oriente!

B : ¿Cómo? ¿Qué dices?

A : Como lo oyes. Ya tengo los billetes. ¡Nuestro viaje soñado!

B : No entiendo. ¿De qué hablas?

A : Tengo el primer premio de la Quiniela.
¡Trescientos mil euros!

B : ¡Pero eso parece increíble!

A : Te voy a comprar aquel anillo de diamantes y un abrigo de visón. ¿Estás contenta?

B : Estoy encantada, cariño. Pero hay un problema.

A : ¿Cuál?

B : Que yo no soy Olga. Soy Marisa, ¡tu esposa!

# Esquema gramatical

## 1. 직접목적격 대명사와 간접목적격 대명사의 형태

| 주격 대명사 | | 직접목적격 대명사 | 간접목적격 대명사 |
|---|---|---|---|
| yo | | me | me |
| tú | | te | te |
| él | usted | lo | le |
| ella | | la | |
| nosotros(as) | | nos | nos |
| vosotros(as) | | os | os |
| ellos | ustedes | los | les |
| ellas | | las | |

## 2. 직접목적격 대명사

① 사물

| 명사일 때 | 대명사일 때 |
|---|---|
| ¿Tiene Rosa el libro? | Sí, lo tiene. |
| ¿Tiene Rosa la tiza? | No, no la tiene. |
| ¿Aprende Jaime los números? | Sí, los aprende. |
| ¿Aprende Jaime las reglas? | No, no las aprende. |

A : ¿Tiene usted la reserva?

B : Sí, la tengo.


A : ¿Llevan ustedes los pasaportes?

B : Sí, los llevamos.

② 사람

| | |
|---|---|
| Ana me llama. | Ana nos llama. |
| Ana te llama. | Ana os llama. |
| Ana lo llama (a él / a usted). | Ana los llama (a ellos / a ustedes). |
| Ana la llama (a ella / a usted). | Ana las llama (a ellas / a ustedes). |

A : ¿Me quieres?

B : Sí, te quiero mucho.

A : ¿Ves a Juan?

B : Sí, lo veo esta tarde.

③ 직접목적격 대명사의 위치

Escuchamos la radio. → La escuchamos.

No puedo comprar la casa.

　　　　　　　→ No puedo comprarla.

　　　　　　　→ No la puedo comprar.

A : ¿Vas a esperar a María?

B : Sí, la voy a esperar.

A : ¿Quieres comer este pan?

B : Sí, quiero comerlo.

## 3.  간접목적격 대명사

---

María me escribe una carta.

María te escribe una carta.

María le escribe una carta (a él / a José / a usted).

---

María nos entrega la revista.

María os entrega la revista.

María les entrega la revista (a ustedes / a sus alumnos).

---

A : ¿Qué le dices a José?

B : Le digo que no puedo ir a verlo mañana.


A : ¿Qué le vas a decir a tu madre?

B : No sé qué le voy a decir.


## 4.  목적격 대명사의 위치

| (No) 간접목적격 대명사＋직접목적격 대명사＋동사 |
|---|

Juan no me trae una pluma.  → Juan no me la trae.

María no quiere darme el apunte.

→ María no me lo quiere dar.

→ María no quiere dármelo.

---

A : ¿Cuándo me devuelves la cinta de video?

B : Te la devuelvo mañana.


A : ¿Puedes dejarme las páginas amarillas?

B : Sí, te las puedo dejar. / Sí, puedo dejártelas.

※ 3인칭 간접·직접목적격 대명사가 함께 올 경우, 간접목적격 대명사 le/les가 se로 바뀐다.

| le lo doy | → se lo doy |
|-----------|-------------|
| les lo doy | |

| Juan les regala un ordenador. | → | Juan se lo regala. |
|---|---|---|
| José le entrega las flores. | → | José se las entrega. |
| María le quiere dar su coche a su hermana. | | |
| | → | María se lo quiere dar. |
| | → | María quiere dárselo. |

A : ¿A quién le escribes el correo electrónico?

B : Se lo escribo a mi jefe.


A : ¿Puedes entregarle estas flores a Esther?

B : Sí, se las entrego en seguida.


## 5. 감탄문

① 품질이나 상태에 대한 감탄

> ¡Qué＋형용사 / 부사＋(동사＋주어)!
> ¡Qué＋명사＋tan＋형용사!

Esta tortilla de patatas está muy rica.

→ ¡Qué rica (está la tortilla de patatas)!

→ ¡Qué tortilla de patatas tan rica!

Esta señora es muy bonita.

  → ¡Qué bonita es esta señora!

Manolo habla muy bien el coreano.

  → ¡Qué bien habla Manolo el coreano!

❋ ¡Qué + 명사 + (동사)!

| Hace mucho frío. | → | ¡Qué frío hace! |
| Hace mucho calor. | → | ¡Qué calor! |
| Tengo mucha hambre. | → | ¡Qué hambre tengo! |
| Tengo mucho sueño. | → | ¡Qué sueño! |

② 수나 양에 대한 감탄

> ¡Cuánto + 동사!
> ¡Cuánto + 명사 + (동사 + 주어)!

| Tú comes mucho. | → | ¡Cuánto comes! |
| Este paquete pesa mucho. | → | ¡Cuánto pesa este paquete! |
| Mario tiene muchos hijos. | → | ¡Cuántos hijos tiene Mario! |
| Hay mucha gente en el concierto. | → | ¡Cuánta gente hay en el concierto! |

# Ejercicios

## I. 다음 예문과 같이 답하시오.

> ¿Compras los libros? → Sí, los compro.

1. ¿Conoces a Francisco y a Carlos?
2. ¿No tienes los guantes?
3. ¿Quieres invitar a Verónica a cenar?
4. ¿Ayudas al empleado con el trabajo?
5. ¿Quieres comprar los pendientes?
6. ¿Tiene usted su pasaporte?
7. ¿Ustedes van a esperar a sus amigos?
8. ¿Vas a visitar los museos?

## II. 다음 예문과 같이 바꾸시오.

> Él muestra el lápiz. → (a mí) Él me muestra el lápiz.

1. Él enseña la lección. → (a mí)
2. Ellos dan la bolsa. → (a él)
3. Nosotros contamos todo. → (a ustedes)
4. El camarero sirve el café. → (a ti)
5. Ustedes no muestran sus trabajos. → (a ella)
6. El profesor da las tareas. → (a nosotros)
7. Carmen regala los vestidos. → (a ellas)
8. No traen la caja. → (a ustedes)
9. Leo la Biblia. → (a él y a ella)
10. Ana presta las gafas del sol. → (a vosotras)

아래의 예문과 같이 대명사를 이용하여 문장을 고치시오.

> Escribo una carta a mis padres. → Se la escribo.

1. El profesor me regala una pluma. →

2. Quiero estudiar la historia de España. →

3. Voy a devolver este libro a Pedro. →

4. El muchacho reparte los periódicos a los lectores. →

5. No veo a María. →

6. Juan puede prestar dinero a tu amiga. →

7. Vendo el agua mineral a los clientes. →

8. El tren transporta a los pasajeros. →

IV. 다음 문장을 감탄문으로 바꾸시오.

1. Juan duerme mucho.

2. La biblioteca tiene muchos libros.

3. Aquella rosa es muy bonita.

4. Estoy muy cansado.

5. Carlos pronuncia muy bien el coreano.

6. Este apartamento cuesta mucho.

7. Hay muchas alumnas en esta sala.

8. Tengo mucho frío.

9. Hace mucho viento.

10. Tengo mucha hambre.

## V. 다음 문장을 스페인어로 작문하시오.

1. 이 장미를 누구에게 줄 거예요?

2. 저는 그것을 끄리스띠나에게 줄 거예요.

3. 나는 그녀에게 그것을 빌려준다.

4. 무슨 차가 이렇게 빠르지!

5. 이번 겨울은 너무 춥군요!

6. 생일날 부모님은 나에게 자전거를 선물하신다.

7. 너는 그 사실을 선생님께 말할 거니?

8. 죄송하지만 문제가 하나 있어요.

9. 이 시계는 굉장히 비싸군!

10. 저 여자 정말 불친절하군!

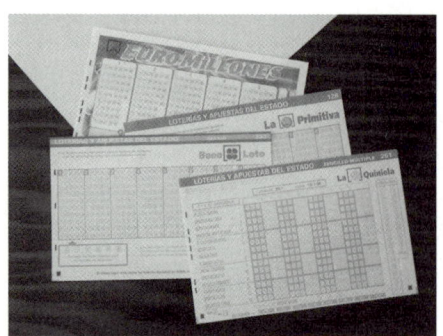

**스페인의 복권** 스페인은 세계에서 복권문화가 가장 잘 정착된 나라의 하나이다. 맨 아래는 프로축구 리그가 활성화 되어 있는 스페인의 축구 복권 라 끼니엘라. 스페인의 1부 리그인 쁘리메라 리가는 이탈리아의 세리에 A, 영국의 프리미어 리그와 함께 세계 3대 리그에 꼽힌다.

**소깔로** 멕시코시티의 중심부에 있는 광장으로 정식 명칭은 헌법광장. 일찍이 아스떼까 제국의 수도 떼노치띠뜰란이 있었던 곳이다. 사진에 보이는 큰 건물은 대성당.

Los chicos coreanos están ahora en Latinoamérica. En esta carta dirigida a sus padres, Insu describe los lugares que recuerda con más agrado.

Queridos papá y mamá:

Estoy muy bien y disfruto mucho de mi viaje. Aprendo muchas cosas, pero recuerdo especialmente las ciudades latinoamericanas. Hay siempre muchas personas en la calle. La gente sale para comprar algo, para visitar a un amigo o simplemente para pasear por la plaza.

La plaza está generalmente en el centro de la ciudad; en México se llama Zócalo. Muchas plazas tienen una fuente, árboles y bancos. A los latinoamericanos les gusta ir a la plaza para sentarse a conversar y comer algo ligero. En la calle hay muchos vendedores ambulantes.

Los latinoamericanos, en general, son muy amables y sencillos, y por eso les gusta disfrutar mucho del tiempo presente y hacer las cosas de manera espontánea.

Las ciudades latinoamericanas son antiguas. Algunas tienen entre 300 y 500 años. En algunas ciudades, la parte más antigua está reconstruida, y en el presente es un centro de interés turístico.

El centro de las ciudades latinoamericanas es un lugar lleno de vida. Ahora les escribo desde la Ciudad de México. Esta ciudad es mucho más grande que otras. Les mando un abrazo y vuelvo a escribirles después.

Su hijo, Insu

# Esquema gramatical

## 1. 비교구문

| | más | | que | |
|---|---|---|---|---|
| Carolina es | menos | simpática | que | tu amiga |
| | tan | | como | |
| | la (chica) más | | de | la clase |

A : ¿Cuál es más barato?

B : Este traje azul es más barato que aquél. Es el más barato de la tienda.


A : ¿Quién corre más rápido? ¿Juan o tú?

B : Juan corre más rápido que yo.


※ bueno / bien   →   mejor

  malo / mal   →   peor

  pequeño   →   menor (나이) / más pequeño (크기)

  grande   →   mayor (나이) / más grande (크기)


A : Eres muy malo.

B : Tú eres peor (que yo).


A : ¿Enrique es mayor que Ricardo?

B : Sí. Pero es menor que yo.


A : ¡Qué bien hablas español! Creo que hablas mejor que tus compañeros.

B : Gracias. Pero yo no hablo tan bien como mi profesor.

※ más / menos＋명사＋que

tanto(-a, -os, -as)＋명사＋como

A : El padre de Juan tiene mucho dinero.

B : Pero su abuelo tiene más dinero que su padre.


A : ¿Tienes mucho trabajo hoy?

B : No, yo no tengo tanto trabajo como tú. Te puedo ayudar.


A : ¿Tienes muchos hijos? Tengo cuatro.

B : ¿Sí? Yo no tengo tantos hijos como tú. Tengo dos.


## 2. 형용사의 강조형

-ísimo : Carlos es guapísimo.

Esta paella está buenísima.


A : ¿Te gusta este disco?

B : Sí, me gusta muchísimo.


A : ¿Son ricos los padres de Juan?

B : Claro, son riquísimos. Viven en una residencia lujosa.

## 3. gustar 동사

| (A mí) | me | | |
|---|---|---|---|
| (A ti) | te | gusta | el cine |
| (A él / ella / usted) | le | encanta | jugar al fútbol |
| (A nosotros / nosotras) | nos | | |
| (A vosotros / vosotras) | os | gustan | las motos |
| (A ellos / ellas / ustedes) | les | encantan | las flores |

A : ¿Les gusta el café?

B : Sí, nos gusta mucho. A mis padres también les gusta el café.

A : A mí me gustan muchísimo las novelas de García Márquez.

B : ¿Sí? A mí me encantan los poemas de Neruda.

A : ¿Qué te gusta hacer?

B : Me gusta hacer ejercicio. Y, ¿vosotros? ¿Qué os gusta hacer?

A : Nos gusta viajar y escuchar música.

## 4. 전치격 인칭대명사

| | | | mí |
|---|---|---|---|
| | | | ti |
| | | | él / ella / usted |
| La carta | es | para | nosotros(as) |
| | | | vosotros(as) |
| | | | ellos / ellas / ustedes |

※ con + mí = conmigo

  con + ti = contigo

Yo voy contigo al fin del mundo.

Este paquete es para ti.

Juan siempre me habla muy bien de usted.

¿Quieres venir conmigo?

María pone la caja delante de mí.

## 5. 일인칭 단수 불규칙 동사

| dar | ver |
|------|------|
| doy | veo |
| das | ves |
| da | ve |
| damos | vemos |
| dais | veis |
| dan | ven |

A : ¿Qué le das a tu amiga?

B : Le doy una muñeca.


A : ¿Ves algo?

B : No, no veo nada sin gafas.

## ✲ 일인칭 단수가 -go인 동사들

| poner | salir | hacer | traer | oír |
|---|---|---|---|---|
| pongo | salgo | hago | traigo | oigo |
| pones | sales | haces | traes | oyes |
| pone | sale | hace | trae | oye |
| ponemos | salimos | hacemos | traemos | oímos |
| ponéis | salís | hacéis | traéis | oís |
| ponen | salen | hacen | traen | oyen |

A : ¿A qué hora sale usted de su trabajo?

B : Salgo a las cinco de la tarde.


A : ¿Qué pones sobre la mesa?

B : Pongo un florero.


A : ¿Qué sueles traer a clase?

B : Siempre traigo libros y cuadernos.


A : ¿Qué haces los domingos?

B : No hago nada. Descanso todo el día.


A : ¿No oyes un ruido extraño?

B : No, no oigo nada.

## Ejercicios

**I.** 다음 예문과 같이 비교 구문을 만들어 보시오.

> El sofá cuesta 100 euros. La cama cuesta 220.
>
> → El sofá cuesta menos que la cama.
>
> → El sofá no cuesta tanto como la cama.
>
> → La cama cuesta más que el sofá.

1. Este paquete pesa 4 kilos. Aquél pesa 5 kilos.

2. En mi clase hay 5 estudiantes. En tu clase hay 10.

3. Mi casa tiene 3 dormitorios. Tu casa tiene 5 dormitorios.

4. Esta camiseta roja cuesta 40 euros. Aquella camisa cuesta 25.

5. Tengo 24 años. Juan tiene 26.

**II.** 빈칸에 적당한 동사를 넣어 대화를 완성하시오.

1. **A :** ¿Traes tu celular a la clase?

   **B :** ¡Claro que no! _____ solamente los libros y los cuadernos.

2. **A :** ¿Pones tus libros debajo de la mesa?

   **B :** No, los _____ encima de la mesa.

3. **A :** ¿Qué le dices a tu novia?

   **B :** Le _____ que la quiero mucho.

4. **A :** ¿Qué oyes?

   **B :** _____ música.

5. **A :** ¿A qué hora sales de tu clase?

   **B :** _____ a las 5 de la tarde.

6.  **A** : ¿Tienes muchos trabajos que hacer?

   **B** : Sí, _____ muchos trabajos.

7.  **A** : ¿Qué haces esta tarde?

   **B** : No _____ nada.


**III.** 주어진 단어와 gustar / encantar 동사를 이용하여 문장을 만드시오.

1. A mi compañero / gustar / jugar al fútbol y jugar al tenis

2. A mí / gustar mucho / leer y escuchar la radio

3. A los hombres / encantar / las mujeres amables

4. A las mujeres / gustar / ir de compras y charlar

5. A mis padres / gustar / el fútbol y el cine

6. A mi profesor / no gustar / los estudiantes que no hablan español en clase

7. A los estudiantes / no gustar / los exámenes

8. A nosotros / encantar / viajar fuera del país


**IV.** 괄호 속의 인칭대명사를 알맞게 변화시켜 물음에 답하시오.

1. ¿Para quién es esta carta? (yo)

2. ¿De quién es este diccionario? (ella)

3. ¿Con quién van los niños al cine? (nosotros)

4. ¿De quién habláis? (tú)

5. ¿Delante de quién estáis? (él)

6. ¿Con quién vas a cenar hoy? (tú)

## V. 다음과 같이 답하시오.

> ¿Qué te gustan más, los perros o los gatos?
>
> → Me gustan más los gatos.

1. ¿Qué te gusta más, el español o el inglés?

2. ¿Qué te gusta más, la moda europea o la coreana?

3. ¿Qué te gustan más, los coches extranjeros o los coches nacionales?

4. ¿Qué prefieres, el otoño o la primavera?

5. ¿Qué prefieres, ir de compras o ir al museo?

6. ¿Qué te gusta más, el café solo o el café con leche?

7. ¿Qué prefieren ustedes, escalar las montañas o bañarse en el mar?

8. ¿Qué te gustan más, las películas de terror o las películas de amor?


## VI. 다음 문장을 스페인어로 작문하시오.

1. 내 동생은 나보다 키가 크다.
2. 너의 아버지는 나의 아버지보다 연세가 많으시니?
3. 뻬드로는 후안만큼 강하지 못하다.
4. 내 자동차가 이 도시에서 제일 좋아.
5. 지금은 너랑 얘기할 수 없어.
6. 나는 겨울보다 여름이 더 좋다.
7. 서울은 대한민국의 수도이며 대한민국에서 가장 큰 도시이다.
8. 관광객들에게 가장 인기 있는 도시는 경주이다.
9. 나는 남자 형제가 둘 있는데, 오빠는 15살이고 동생은 9살이다.
10. 너는 오늘 누구와 외출하니?

# En el parque de Chapultepec

**멕시코시티 전경** 멕시코의 수도로 인구가 2천 5백만에 달하는 정치 · 경제 · 문화의 중심지이며, 멕시코고원 중앙부의 해발고도 2,240m에 있는 고지(高地) 도시이다. 1521년 에르난 꼬르떼스가 멕시코 땅을 정복한 후 아스떼까인들의 수도 떼노치띠뜰란을 파괴하고 그 위에 건설하였다. 1968년 10월 라틴아메리카에서는 최초로 제19회 올림픽 대회가 열렸으며, 멕시코가 자랑하는 국립인류학박물관(아래 사진)이 자리 잡고 있다.

Los cuatro chicos coreanos están en Ciudad de México y ya tienen dos amigos mexicanos, Guadalupe y Fernando. Se han conocido en Chapultepec, un enorme parque de atracciones con museos, un lago y un gran bosque.

Chanjo : Este parque de Chapultepec es muy grande y el Museo de Antropología es realmente sorprendente.

Guadalupe : En este Museo podemos apreciar el desarrollo de la civilización humana.

Chanjo : He caminado tanto que necesito sentarme un rato. Fernando, ¿sabes dónde podemos descansar?

Fernando : Claro que sí, ¡vamos! Voy a llevarlos a ustedes a un sitio tranquilo.

Seri : Oye, Fernando, ¿por qué nos tratáis de usted?

Fernando : Es que nosotros no usamos el 'vosotros'. Siempre usamos el 'ustedes'.

Ya están en el lugar de descanso.

Mina : ¡Qué sorpresa! Aquí veo una pagoda coreana.

Fernando : En este parque hay regalos de muchos países. Nos han dado monumentos, obras artísticas, y Corea ha construido esta pagoda para nosotros.

Insu : ¡Qué alegría encontrarnos con algo de nuestro país! Por cierto, mañana hemos pensado en ir a una playa.

Guadalupe : ¡Ah, qué bien! Mañana, Fernando y yo salimos para Cancún de viaje de excursión. Está situado en el hermoso Caribe mexicano. Podemos ir juntos para divertirnos en la playa.

# Esquema gramatical

## 1. 재귀동사 : 재귀대명사 + 동사

|  | 재귀대명사 | 동사 |
|---|---|---|
| yo | me | levanto |
| tú | te | levantas |
| él / ella / usted | se | levanta |
| nosotros(as) | nos | levantamos |
| vosotros(as) | os | levantáis |
| ellos / ellas / ustedes | se | levantan |

A : ¿A qué hora te levantas?

B : Generalmente, me levanto a las siete de la mañana, pero a veces me despierto a las diez.


A : Pareces cansado. ¿Por qué no te acuestas?

B : Sí, pero primero voy a acostar a los niños.


A : ¿Cómo se llama ese chico?

B : Se llama Antonio. Pero lo llamamos 'Abuelo'.


A : ¿Qué te pones para ir al cine?

B : Me pongo una camiseta y unos pantalones.


A : ¿Se lava usted las manos antes de comer?

B : Por supuesto. Siempre me lavo las manos.


A : ¿Se acuerda del profesor Pérez?

B : Sí, me acuerdo de él.

A : ¿A qué te dedicas?

B : Me dedico a la venta de automóviles.


Los dos amigos se saludan <u>entre sí</u>.

(uno al otro / mutuamente).

Juan y Ana se aman locamente.


## 2. 현재완료 : haber 현재형 + 과거분사

| | | -AR | -ER | -IR |
|---|---|---|---|---|
| (yo) | he | | | |
| (tú) | has | | | |
| (él / ella / usted) | ha | hablado | comido | vivido |
| (nosotros / nosotras) | hemos | | | |
| (vosotros / vosotras) | habéis | | | |
| (ellos / ellas / ustedes) | han | | | |

① 현재를 포함하는 부사(구)와 함께 쓰일 때

Este año ha hecho bastante frío.

Hoy por la mañana he ido a la universidad.

Este fin de semana he bebido cerveza con mis amigos.

En este siglo han ocurrido muchos acontecimientos históricos.


A : ¿A qué hora te has levantado hoy?

B : Me he levantado a las 7 de la mañana.

② 완료, 경험, 계속, 결과의 의미

A : ¿Ha llegado el avión?

B : No, aún no ha llegado.  /  No, todavía no ha llegado.

    Sí, ya ha llegado.


A : ¿Has estado alguna vez en Argentina?

B : Sí, he estado una vez en Buenos Aires.

    No, no he estado nunca en Argentina.


A : Hablas español muy bien. ¿Cuánto tiempo has estudiado español?

B : He estudiado español durante 6 meses.


A : Mi abuelo ha muerto.

B : Lo siento mucho.


## 3. 과거분사

| 규칙형 | | 불규칙형 | |
|---|---|---|---|
| | | ver | visto |
| | | poner | puesto |
| | | romper | oroto |
| comprar | compr-ado | escribir | oescrito |
| beber | beb-ido | abrir | abierto |
| servir | serv-ido | volver | vuelto |
| | | hacer | hecho |
| | | decir | dicho |
| | | morir | muerto |

① 형용사로 쓰이는 과거분사

A : ¿Están abiertos los bancos?

B : No, a esta hora están cerrados.


A : Mi coche está roto y no funciona. ¿Hay algún taller cerca de aquí?

B : Sí, pero está cerrado ahora.


A : ¿Le ayudo?

B : Sí, gracias. Quiero comprar una novela escrita en español.

② 수동태 : ser＋과거분사＋(por 행위자)


Los edificios han sido construidos por los obreros coreanos.

La puerta ha sido abierta por el viento.


## 4. 복합 불규칙 동사

| tener | venir | decir |
|---|---|---|
| tengo | vengo | digo |
| tienes | vienes | dices |
| tiene | viene | dice |
| tenemos | venimos | decimos |
| tenéis | venís | decís |
| tienen | vienen | dicen |

A : ¿Tienes tiempo para salir?

B : No, tengo otro compromiso.

A : ¿Viene usted siempre temprano?

B : Sí, vengo siempre a las ocho de la mañana.


A : Dices la verdad, ¿no?

B : Claro que sí, siempre digo la verdad.


A : ¿Qué dicen de la tortilla española?

B : Dicen que es muy rica.

**엘 에스꼬리알 궁전** 1557년 생껭탱 전투에서 앙리 2세의 프랑스군을 격파한 펠리뻬 2세가 그 승리를 기념하여 세운 궁전 겸 수도원·판테온으로 마드리드 북서쪽의 과다라마 산 속에 위치해 있다. 1563년에 착공하여 1584년에 완공되었으며 남북 207m, 동시 102m의 웅장한 규모와 엄격한 건축 스타일을 자랑한나.

# Ejercicios

**I.** 다음의 질문에 맞게 답하시오.

1. ¿Te despiertas solo o necesitas despertador?

2. ¿Prefieres bañarte con agua fría o caliente?

3. ¿Vas a lavarte las manos antes de comer?

4. ¿Cuántas veces te peinas al día?

5. ¿A qué hora te acuestas?

6. ¿Qué te vas a poner para salir mañana?

7. ¿Te acuerdas del número de teléfono de tu mejor amiga?

8. ¿Prefieres ponerte pantalones o falda?

9. ¿Te cepillas los dientes después de cada comida?

10. ¿Te quitas los zapatos al entrar a casa?

**II.** 다음은 나의 하루 일과이다. 다음 표와 같이 빈칸의 동사를 알맞게 변화시키시오.

> Esta mañana (levantarse) pronto. → me he levantado

1. (ducharse) a las siete y media.

2. (lavarse) los dientes.

3. (desayunar) a las 8.

4. (tomar) café con leche.

5. (salir) de casa a las ocho y media.

6. (perder) el tren.

7. (venir) a clase en taxi.

8. (llegar) tarde a la clase de historia.

9. (comer) en la cafetería con mis amigos.

10. (volver) a casa a las 4 de la tarde.

11. (ver) la televisión y (escuchar) la radio.

12. (dar) un paseo y (encontrarse) con un amigo.

13. Nosotros (cenar) en un restaurante chino.

14. Nosotros (tomar) unas copas en el bar.

15. Yo (regresar) a casa a las 11.

16. (acostarse) a las 12 de la noche.

## III. 주어진 단어를 이용하여 다음 질문에 답하시오.

1. ¿Has estado alguna vez en Londres? (sí, muchas veces)

2. ¿Has probado la paella? (no, nunca)

3. ¿Has estado en algún país extranjero? (sí, China y Japón)

4. ¿Ha salido el tren para Barcelona? (no, todavía)

5. ¿Cuánto tiempo has estudiado español? (desde el año pasado)

6. ¿Qué has comprado hoy en el mercado? (pescado y frutas)

7. ¿Has comido carne de conejo? (sí, una vez)

8. ¿A qué hora te has levantado hoy? (a las siete)

9. ¿A qué hora has desayunado esta mañana? (a las ocho)

10. ¿Por qué has llegado tarde a clase? (encontrarme con un amigo)

## IV. 다음과 같이 답하시오.

¿Por qué no has estudiado antes?

→ (poder) Lo siento, es que no he podido.

1. ¿Por qué has llegado tarde a la clase? (dormirse)

2. ¿Por qué no me has llamado? (perder tu número de teléfono)

3. ¿Por qué no han hecho ustedes el trabajo? (no saber)

4. ¿Por qué no habéis estado aquí? (estar en un examen)

5. ¿Por qué no has venido a comer con nosotros? (estar ocupado)

## V. 괄호 속의 동사를 알맞게 변화시키시오.

1. Juan y tú (quitarse) _____ los zapatos.

2. Mi hermano y yo (despertarse) _____ muy temprano.

3. ¿De quién (reírse) _____ los estudiantes?

4. Antes de comer, yo (lavarse) _____ las manos.

5. Yo (despedirse) _____ de mis padres en la puerta.

## VI. 다음 문장을 스페인어로 작문하시오.

1. 나는 오늘 일찍 일어나야 한다.
2. 어머니는 추워서 코트를 입으신다.
3. 여러분들은 식사 전에 손을 씻어야만 합니다.
4. 당신의 아버지는 면도를 매일 하시나요?
5. 나는 외출하려고 바지와 티셔츠를 입는다.
6. 너는 오늘 몇 시에 일어났니?
7. 올해는 비가 많이 왔다.
8. 나는 이번 주에 스페인어를 열심히 공부하지 못했다.
9. 부산 행 기차가 이미 도착했습니까?
10. 내 동생은 아직도 집에 돌아오지 않았다.

'삐까로' 라사로의 동상 『라사리요 데 또르메스의 생애』 (1554)의 주인공인 라사로와 그가 섬기던 장님을 기념하여 세워진 동상으로 라사로의 출생지인 스페인의 살라망까에 위치해 있다. 자전체(自傳體)로 된 작자미상의 이 작품은 카를 5세 치하의 음울한 서민생활상을 간결한 필치로 묘사하고 있으며, 피카레스크소설의 효시로서 밑바닥 인생을 전전하는 하층계급 출신의 주인공 소년을 통해 '삐까로(pícaro)' 라는 인물전형을 창조하였다.

Todos los chicos han llegado a Cancún. En el hotel los han recibido con una fiesta. Hay una gran mesa con frutas de todo tipo: melón, sandía, piña, guayaba, mango, uvas rojas, moradas y verdes, con y sin pepitas.

Chanjo : ¡Qué deliciosas uvas! ¡Qué variedad de uvas!

Mina : No te las acabes y deja algunas para nosotros.
Estamos fascinados probando todas estas frutas.

Insu : Chanjo come uvas igual que el Lazarillo.

Fernando : ¿Qué Lazarillo? Insu, explica un poco, por favor.

Seri : Creo que Insu está hablando del libro que nos han regalado Juan y María, ¿verdad?

Insu : Así es, estoy leyéndolo todavía, pero hay una parte que dice:

Un ciego va por los campos de Castilla. Su guía es un muchacho de ocho años llamado Lazarillo. Es el mes de septiembre, mes de las frutas. Un campesino los llama y les dice:

– "Tengan, cómanse este racimo de uvas."

Como el ciego está cansado, decide comerse las uvas. Sentado en una piedra, dice al muchacho:

– "Deseo mostrarte mi generosidad. Come tú tantas uvas como yo. Para evitar engaños, toma tú una uva y yo tomo otra -sólo una cada vez."

Pronto Lazarillo ve que el ciego toma dos uvas cada vez. Decide entonces tomar dos también, y después, tres. Cuando sólo quedan muy pocas uvas dice el ciego:

– "Me engañas, Lazarillo. Sé que tomas tres uvas y no una."

– "No, señor" –contesta el muchacho.

Pero el ciego responde:

– "¿Sabes cómo sé que tú tomas tres cada vez? Porque cuando yo tomo dos, tú no dices nada."

Lazarillo de Tormes (1554, autor anónimo)

(adaptación)

**이과수폭포** 아르헨티나 · 브라질 · 파라과이의 국경지대에 위치한 세계적 관광 명소로 폭 5km, 최고 낙차 100m를 넘는 세계 최대 규모를 자랑한다. 크고 작은 300개가량의 폭포로 이루어져 있으며, '장대한 물'이라는 뜻의 원주민어에서 명칭이 유래하였다.

# Esquema gramatical

## 1. 현재 진행형 : estar + 현재분사

### ① 현재분사

|  | INFINITIVO | GERUNDIO |
|---|---|---|
| 규칙형 | comprar | comprando |
|  | comer | comiendo |
|  | vivir | viviendo |
| 불규칙형 | dormir | durmiendo |
|  | seguir | siguiendo |
|  | pedir | pidiendo |
|  | decir | diciendo |
|  | leer | leyendo |
|  | oír | oyendo |

### ② 현재 진행형

| estar | comprando | el libro |
|---|---|---|
|  | comiendo | una manzana |
|  | bebiendo | agua |

A : ¿Qué estás haciendo?

B : Estoy leyendo el periódico en el salón.


A : ¿Qué está haciendo tu mamá?

B : Está haciendo la compra en el mercado.


A : ¿Qué están comiendo los niños?

B : Están comiendo galletas con leche.

A : ¿Qué estáis tomando?

B : Estamos tomando cerveza.


A : ¿Qué está haciendo tu hijo?

B : Está durmiendo.


※ Estoy estudiándolo. = Lo estoy estudiando.


※ 스페인어에서는 현재형이 진행형의 의미로 쓰일 수 있다.


A : ¿Qué haces?　　　(=¿Qué estás haciendo?)

B : Veo la televisión.　　(=Estoy viendo la televisión.)


※ 현재분사는 몇몇 동사와 어울려 진행형을 나타낸다.

| | |
|---|---|
| Ir<br>Venir<br>Seguir<br>Continuar | + 　현재분사 |

Voy caminando a la escuela.

Marta va durmiendo en el coche.

El niño viene corriendo al patio.

Ellos continúan riéndose.

Ellas siguen llorando por las noticias tristes.

## 2. 명령문

### ① 명령형

|  | -AR | -ER / -IR |
|---|---|---|
| tú | habl-a | com-e<br>escrib-e |
| vosotros(as) | habl-ad | com-ed<br>escrib-id |

|  | -AR | -ER / -IR |
|---|---|---|
| usted | habl-e | com-a<br>escrib-a |
| ustedes | habl-en | com-an<br>escrib-an |
| nosotros(as) | habl-emos | com-amos<br>escrib-amos |

※ Usted / Ustedes / Nosotros(as) 인칭의 긍정명령형과 모든 인칭의 부정명령형은 접속법 현재시제의 동사변화를 따른다. 접속법 현재시제 동사변화는 본 교재의 19과를 참조할 것.


A : ¿Puedo pasar?

B : Sí, pasa, pasa. / Sí, pase, por favor.


A : ¿Puedo abrir la puerta?

B : Sí, ábrela. / Sí, ábrala, por favor.


A : ¿Puedo cerrar las ventanas?

B : Sí, ciérralas. / Sí, ciérrelas.

A : ¿Podemos entrar?

B : Sí, entrad. / Sí, entren.


A : Para ir al banco, ¿seguimos recto o doblamos a la derecha?

B : Sigan todo recto, por favor.


② 불규칙 tú 명령형

| 원형 동사 | 명령형 (tú) |
|---|---|
| hacer | haz |
| poner | pon |
| salir | sal |
| venir | ven |
| tener | ten |
| decir | di |
| ser | sé |
| ir | ve |


A : ¿Puedo ponerme esta bufanda?

B : Sí, póntela. / Sí, póngasela.


A : ¿Puedo hacer los ejercicios ahora?

B : Sí, hazlos. / Sí, hágalos.


A : ¿Puedo irme a casa ahora?

B : Sí, vete. / Sí, váyase.


A : ¿Vengo por la mañana o por la tarde?

B : Ven por la mañana y trae a tu hija.

③ 명령문에서 목적격 대명사의 위치

> Lee el periódico. → Léelo.
>
> Entrega la tarta a Juan. → Entrégasela

A : ¿Puedo poner el disco de música clásica?

B : Sí, ponlo.


A : ¿A quién le doy este libro?

B : Dámelo.


※ 재귀대명사의 경우

> Levántate.           Levantaos. (-d- 탈락)
>
> Levántese.           Levántense.
>
>                      Levantémonos. (-s- 탈락)


## 3. 청유형으로 쓰이는 의문문


A : ¿Me das un cigarrillo? (cf. Dame un cigarrillo.)

B : Sí, toma.


A : ¿Me trae un vaso de agua, por favor?

    (cf. Tráigame un vaso de agua, por favor.)

B : Sí, espere un momento.

A : ¿Me dejas 100 pesos? (cf. Déjame 100 pesos.)

B : Es que no tengo dinero.


A : ¿Me dejas tu libro de filosofía?

(cf. Déjame tu libro de filosofía.)

B : Lo siento. Yo también necesito el libro.

**모아이 상** 칠레 해안에서 3,800km 떨어진 남태평양의 이스터섬(빠스꾸아섬)에 있는 거석상으로 지금까지 미스터리로 남아 있다.

# Ejercicios

**I.** 괄호 속의 동사를 현재분사로 바꾸시오.

1. Yo estoy _____ (estudiar) la lección de hoy.

2. José está _____ (dormir) en el pasillo.

3. Nosotros vamos _____ (beber) cerveza.

4. Ellos vienen _____ (hablar) en español.

5. Los alumnos siguen _____ (hacer) la tarea.

6. La señora está _____ (sentirse) mejor ahora.

7. Rosa continúa _____ (pedir) un favor a Luisa.

8. Estamos _____ (adquirir) mucha habilidad al hablar.

9. Estamos _____ (leer) una novela.

10. _____ (escuchar), se aprenden muchas cosas.

**II.** 다음 보기와 같이 명령형으로 대답하시오.

> **A** : ¿Compro este ordenador?
>
> **B** : Sí, cómpralo. (tú)

1. **A** : ¿Como este pescado?

   **B** : Sí, _____. (tú)

2. **A** : ¿Me pongo las botas de montaña?

   **B** : Sí, _____. (tú)

3. **A** : ¿Me siento en esta butaca?

   **B** : Sí, _____. (tú)

4. **A** : ¿Tomo ahora el aperitivo?

   **B** : Sí, _____. (usted)

5. A : ¿Quito el polvo de los muebles?

   B : Sí, _____. (usted)

6. A : ¿Cierro la ventana?

   B : Sí, _____. (usted)

7. A : ¿Tomo la aspirina?

   B : Sí, _____. (tú)

8. A : ¿Ponemos limón en la coca-cola?

   B : Sí, _____. (vosotros)

9. A : ¿Decimos nuestra opinión?

   B : Sí, _____. (ustedes)

10. A : ¿Nos acostamos ahora?

   B : Sí, _____. (vosotros)


**III.** 다음과 같이 명령형으로 바꾸시오.

> (escuchar bien, tú) → Escucha bien.

1. (comer bien, tú)

2. (caminar mucho, tú)

3. (tener paciencia, tú)

4. (ponerse el abrigo, tú)

5. (lavarse las manos, tú)

> (hablar en voz alta, usted) → Hable en voz alta.

6. (comprar el reloj, usted)

7. (vender la casa, usted)

8. (abrir la ventana, usted)

9. (volver en seguida, usted)

10. (salir de aquí, usted)

## IV. 다음 문장을 스페인어로 작문하시오.

1. 당신은 지금 무엇을 보고 계십니까?

2. 나는 네가 진실을 말하지 않고 있다는 것을 안다.

3. 의자에 앉아라. / 의자에 앉으세요.

4. 만원만 빌려줘.

5. 인내심을 가져라.(vosotros) / 인내심을 가지세요.(ustedes)

6. 내 동생은 자기 방에서 공부를 하고 있다.

7. 계속 똑바로 가다가 첫 번째 길에서 오른쪽으로 꺾어라.

8. 나는 내일 스페인어 캠프(campamento) 가기 때문에 가방을 싸고 있어.

9. 우리 어머니는 이모와 전화 통화 중이셔.

10. 나에게 그것을 줘. / 제게 그것을 주세요.

## V. 다음 글을 해석하시오.

¿Qué estás haciendo?

Querido diario:

Hoy voy a escribir lo que siempre me dicen mis padres.

Cuando estoy escuchando música en mi cuarto, siempre me preguntan: "¿Qué estás haciendo?"; entonces les contesto: "Estoy escuchando música" y ellos me dicen: "Baja la radio, por favor". Cuando me estoy vistiendo para salir con mis amigos, me preguntan: "¿Qué estás haciendo?" ; yo contesto: "Me estoy vistiendo" y ellos me dicen: "No te pongas esa falda tan corta". Cuando estoy comiendo algo porque tengo hambre, me preguntan: "¿Qué estás comiendo?"; contesto: "Estoy comiendo un plátano" y ellos me dicen: "No comas nada antes de la cena". Cuando me estoy duchando, me dicen: "¿Qué estás haciendo?"; contesto: "Me estoy duchando" y ellos me dicen: "No tardes porque necesito entrar". Y cuando estoy hablando por teléfono con una amiga, me preguntan: "¿Qué estás haciendo?"; yo contesto: "Estoy hablando por teléfono"; entonces me dicen: "Cuelga porque estamos esperando una llamada". En fin, yo creo que cuando me preguntan qué estoy haciendo, ellos ya lo saben. ¿Por qué siempre les contesto?

**살라망까대학의 파사드** 살라망까대학은 1215년에 개교한 스페인에서 가장 유서 깊은 대학이다. 1534년에 만들어진 대학의 파사드 장식에는 까를로스 1세의 동상, 왕국의 문장과 함께 사자의 머리에 앉아있는 개구리가 정교하게 조각되어 있다. 파사드를 처음 쳐다볼 때 이 개구리를 발견하면 시험에 합격한다는 일화가 전해진다.

**꼬리깐차** 스페인 정복자들은 잉까 최고의 성소인 태양신전 꼬리깐차를 허물고 그 위에 산또 도밍고 성당을 세웠다. 1950년과 1650년에 대지진이 일어났을 때 산또 도밍고 성당은 많은 피해를 입었지만 꼬리깐차의 초석은 지진을 견뎌내 잉까 건축술의 위대함을 증명했다.

# 13

## Te llamé ayer para invitarte a mi casa

**마추삑추** 꾸스꼬에서 우루밤바 강을 따라 114km 내려간 지점의 해발 2,280m의 산정에 있는 잉까의 성채도시. 스페인들도 그 존재를 몰랐던 '잃어버린 도시'로 1911년 미국의 역사학자 하이럼 빙엄에 의해 발견되었다. 잉까인들의 장대한 유적에서 시적 영감을 얻은 네루다는 「마추삑추의 산정」이라는 대서사시를 남겼다.

La semana pasada, nuestros amigos llegaron a Lima, la capital de Perú, y visitaron muchos monumentos arqueológicos de la civilización Inca. Seri tiene una amiga peruana que conoció en los Juegos Olímpicos de Seúl. Seri trabajó como intérprete y Laura participó como jugadora de voleibol. Ahora que Seri y sus amigos están en Lima, Laura quiere enseñarles las costumbres regionales. Ellas están hablando ahora por teléfono.

Laura : ¡Seri! ¿Qué pasó? ¿Dónde te metiste ayer? Te llamé para invitarte a mi casa, pero no estabas en el hostal.

Seri : Perdona. Es que decidimos visitar las ruinas del imperio Inca. Viajamos en avión y tardamos una hora y media.

Laura : ¿Qué te parecieron?

Seri : ¡Son realmente impresionantes! En especial, la extensión de sus monumentos y la grandeza de su arquitectura. Me gustaron mucho.

Laura : Me alegra, porque son nuestro orgullo. ¿Sabes?, la civilización Inca empezó a florecer a mediados del siglo XV. La capital del imperio Inca se llamaba Cuzco. Desde allí se desplegó el Camino del Inca. En Cuzco se celebra todos los años la Fiesta del Sol.

Seri : ¡Qué interesante! La próxima vez queremos ir a Machu Picchu; dime cómo podemos ir, por favor.

Laura : Tomando el tren en Cuzco, en cuatro horas se llega a la ciudad perdida, Machu Picchu. Es una de las ruinas mejor conservadas, donde llega un gran número de turistas de todo el mundo.

Seri : ¡Estamos viviendo una gran experiencia! También visitamos en México las pirámides de la civilización Azteca. Ha sido una buena ocasión para comparar las dos culturas.

Laura : Pues bien, ¿qué les parece si esta noche vienen a cenar a casa? Mi familia los quiere conocer.

Seri : De acuerdo. Encantados. Muchas gracias.

**꾸스꼬 전경** 해발고도 3,400m의 안데스 산중에 위치한 페루의 도시. 13세기 초에 건설되어 16세기 중반까지 중앙 안데스 일대를 지배한 잉까 제국의 수도였으나 1533년 삐사로가 이끄는 스페인군에 정복된 후 해안지방에 현재의 수도인 리마가 건설되자 수도로서의 기능을 잃었다.

# Esquema gramatical

### 1. 부정과거(Pretérito indefinido)

① 규칙변화

|  | -AR | -ER | -IR |
|---|---|---|---|
| yo | habl-é | com-í | viv-í |
| tú | habl-aste | com-iste | viv-iste |
| él / ella / usted | habl-ó | com-ió | viv-ió |
| nosotros(as) | habl-amos | com-imos | viv-imos |
| vosotros(as) | habl-asteis | com-isteis | viv-isteis |
| ellos / ellas / ustedes | habl-aron | com-ieron | viv-ieron |

A : ¿Quién preparó la comida?

B : Mi madre cocinó y yo preparé la mesa.


A : ¿Qué comieron ustedes?

B : Comimos arroz y pescado.


A : ¿A qué hora volviste a casa ayer?

B : Volví muy tarde, a las doce.


A : ¿Recibisteis mi correo electrónico?

B : Sí, lo recibimos anteayer.

② 철자에 유의하여야 할 동사변화

| buscar | llegar | empezar |
|---|---|---|
| busqué | llegué | empecé |
| buscaste | llegaste | empezaste |
| buscó | llegó | empezó |
| buscamos | llegamos | empezamos |
| buscasteis | llegasteis | empezasteis |
| buscaron | llegaron | empezaron |
| sacar | jugar | |
| tocar | pegar | almorzar |
| chocar | pagar | comenzar |
| explicar | apagar | |

A : ¿A qué hora llegaste ayer a la estación del tren?

B : Llegué a las ocho de la mañana.


A : ¿En qué restaurante almorzaste ayer?

B : Almorcé en la cafetería de la universidad.

③ 어간이 모음으로 끝나는 동사 : 3인칭 단 · 복수 i → y로 교체

| oír | caer |
|---|---|
| oí | caí |
| oíste | caíste |
| oyó | cayó |
| oímos | caímos |
| oísteis | caísteis |
| oyeron | cayeron |
| construir | creer |
| huir | |
| sustituir | leer |

A : ¿Qué libro leyó usted últimamente?

B : Leí Pedro Páramo, una novela de Juan Rulfo.


④ 용법

i) 과거의 한 시점에서 일어난 일시적·순간적 동작

주로 과거를 지시하는 부사 anoche, ayer, anteayer, el otro día, la semana pasada, el año pasado 등과 함께 사용


A : ¿A qué hora salió María ayer de la oficina?

B : Salió de la oficina a las cinco de la tarde.


A : ¿Qué pasó en el año 1492?

B : Cristóbal Colón descubrió América en el año 1492.


A : ¿A qué hora te acostaste anoche?

B : Me acosté a las once.


A : ¿En qué año naciste?

B : Nací en el año 1972.


ii) 시작과 끝이 분명한 과거의 일정기간 동안 이루어진 행위·상태

Enrique habló durante hora y media.

Ayer me dolió la cabeza todo el día.

Trabajé allí durante 10 años.

Caminamos veinte kilómetros.

Pasó un año en Chile.

## 2. Se의 용법

① 수동태의 se:

행위자 주어가 생략되는 수동태에서 주로 사용된다.

A : ¿A qué hora se abre el banco?

B : El banco se abre a las nueve de la mañana.


A : ¿Cuándo se entregaron los paquetes?

B : Se entregaron ayer a las tres de la tarde.


A : ¿Cuándo se firmaron los documentos?

B : Los documentos se firmaron a principios del año.


② 무인칭의 se:

불특정한 일반인 주어를 나타낼 때 사용된다.

A : ¿Qué se vende en un estanco?

B : Se vende tabaco y sellos.


A : ¿Qué lengua se habla en Canadá?

B : Se habla inglés y francés.


A : ¿Se puede pagar con la tarjeta de crédito?

B : Sí, se puede pagar con Visa o Master Card.


A : ¿Cómo se dice "Thank you" en español?

B : Se dice "gracias".

A : Se dice que los españoles son simpáticos.

B : Es verdad. Dicen también que los coreanos son trabajadores.

**빌바오의 구겐하임 미술관** "20세기 인류가 만든 최고 건물"이라는 찬사를 받은 바 있는 건축물. 미국 건축가 프랑크 게리의 작품으로 1997년에 완공되었으며 1억 5천만 달러의 공사비가 소요되었다. 형이상학적인 건축 디자인의 초석이 된 이 건물은 여러 개의 긴 조각으로 해체되어 다시 조합된 역동적 형태를 보여주며 표면은 물고기 비늘처럼 티타늄 판들로 덮여 있다.

**마요르광장** 마드리드의 중앙광장으로 사각형으로 줄지어 지어진 4층짜리 건물에 둘러싸여 있다. 광장 중앙에는 1619년 광장을 처음 만든 펠리뻬 2세의 동상이 서있다. 과거에는 이곳에서 국왕의 취임식, 종교의식, 투우와 교수형까지 집행되었다.

# Ejercicios

**I.** 괄호 속의 동사를 부정과거로 변화시키시오.

1. ¿A quién (entregar, tú) _____ la llave?

2. La (entregar, yo) _____ al propietario.

3. ¿A qué hora (levantarse, tú) _____ ayer?

4. (levantarse, yo) _____ a las seis.

5. Yo (llamar) _____ a Pedro, pero no me (contestar) _____ .

6. La profesora me (hablar) _____ en español, pero no la (entender, yo) _____ .

7. ¿Cómo (pasar, usted) _____ las vacaciones?

8. ¿Qué les (preguntar, vosotros) _____ a los abuelos?

9. ¿(oír, ustedes) _____ algún ruido extraño?

10. (leer, nosotros) _____ el periódico del domingo.

11. ¿(perder, ustedes) _____ el autobús para Sevilla?

12. ¿(comprar, tú) _____ un coche nuevo?

  No, (comprar, yo) _____ uno de segunda mano.

13. ¿(decidir, vosotros) _____ firmar el contrato?

**II.** 주어진 단어를 사용하여 예문과 같이 질문에 답하시오.

> ¿Qué comiste? (una manzana)  →  Comí una manzana.

1. ¿A qué hora llegaste a la escuela? (a las 10)

2. ¿Quién cocinó para la cena de ayer? (María y Yolanda)

3. ¿Dónde aprendió usted español? (en una escuela de idiomas)

4. ¿Cuántas horas esperaron ustedes a su amiga? (2 horas)

5. ¿A qué hora volvió usted a casa? (a las 8 de la noche)

6. ¿Cuántos wones pagaste por los pantalones vaqueros? (20.000 wones)

7. ¿Cuándo conoció usted a Rosa y a María? (el sábado pasado)

8. ¿Qué estudiaste anoche? (matemáticas y un poco de inglés)

9. ¿Qué te parecieron los mexicanos? (muy amables)

10. ¿Qué lengua te gustó más entre el inglés, el alemán y el español? (el español)


**III.** 주어진 단어를 모두 이용해서 과거시제의 문장을 만드시오.

> Antonio, volver a, fumar mucho
>
> → Antonio volvió a fumar mucho.

1. en aquel lugar, mucha gente, deber de, haber

2. nosotros, pensar, ir a, el año pasado, España

3. empezar a, tú, ofenderme

4. los jóvenes, dejar de, bromear, a las chicas

5. vosotros, tomar una copa, decidir

6. volver a, las niñas, llorar

7. me gustar, las novelas de Carlos Fuentes, mucho

8. yo, aprender a, en español, leer


**IV.** 다음 문장을 스페인어로 작문하시오.

1. 찬호는 어제 오전 9시에 김포공항에 도착했다.

2. 너는 어제 집에 몇 시에 돌아왔니? 밤 11시에 돌아왔어.

3. 나는 쇼핑하러 가려고 은행에서 10만원을 인출했다.

4. 후안과 나는 어젯밤에 영화를 보러 나갔다.

5. 우리는 한 시간 동안 전화 통화를 했다.

6. 나는 1980년에 태어났고, 2000년에 대학에 입학해 2004년에 졸업했다.

7. 어젯밤 뉴욕에 비행기 한 대가 추락했다.

8. 지난주에 그녀는 부모님을 방문하였다.

9. 내 동생은 어제 스페인어 수업에 출석하지 않았다.

10. 내 애인은 3년 전에 담배를 피우기 시작했는데, 금년에 끊었다.

**팜파스** 브라질 최남단 리오그란데두술주에서 아르헨티나의 중심부와 우루과이에 걸쳐 있는 대초원으로 부에노스아이레스를 중심으로 반지름 600~700km 범위에 전개되어 있다. 인디오 말로 평원을 뜻하며 세계적인 대농목지대를 이룬다.

**탱고** 1880년 무렵 부에노스아이레스의 보까 지구에서 생겨난 춤·음악·노래. 플라멩꼬의 한 갈래였던 스페인 탱고와 경쾌한 리듬과 빠른 템포의 밀롱가가 혼합되었으며 쿠바의 하바네라에서도 영향을 받은 것으로 추정된다. 1900년대 초에 이르러 사회적으로 용납되었고 1915년경에는 유럽 사교계에서 선풍적인 인기를 끌었다. 까를로스 가르델은 아직도 시대를 초월한 최고의 탱고가수로 남아있으며, 아스또르 삐아졸라는 '새로운 탱고'의 혁명을 가져온 거장으로 평가되고 있다.

# Famosos escritores latinoamericanos

**가브리엘 가르시아 마르께스** 모순어법적 글쓰기 양식인 '마술적 리얼리즘'을 통해 20세기 소설문학의 신기원을 연 콜롬비아 작가. 그의 소설 『백 년 동안의 고독』은 라틴 아메리카 문학의 국제화를 성취한 '붐' 소설의 대표작이자 20세기의 고전으로 평가된다.

Nuestros amigos están ahora en Argentina. Chanjo entró a una librería del centro de Buenos Aires; es estudiante de literatura, en una ocasión leyó Cien años de soledad y quedó sorprendido. Ahora, quiere conocer más sobre la literatura hispanoamericana.

Dependiente : ¿En qué le puedo ayudar?

Chanjo : ¿Puede informarme sobre las obras más importantes de la literatura hispanoamericana? Me interesan en especial las de los autores que han recibido el premio Nobel.

Dependiente : ¡Qué sorpresa! Veo que en su país ya tienen conocimiento de nuestra literatura.

Chanjo : En Corea, empiezan a reconocerse y a interesar las obras hispanoamericanas por su peculiar estilo.

Dependiente : ¿Cuál es su autor favorito?

Chanjo : Hace un año leí las obras poéticas de Pablo Neruda y me fascinaron. Me quedé con las ganas de seguir leyendo más.

Dependiente : Pues mire. Tenemos cinco premios Nobel. Dos chilenos, Gabriela Mistral y Pablo Neruda; el guatemalteco Miguel Ángel Asturias, el colombiano Gabriel García Márquez, y el mexicano Octavio Paz.

Chanjo : Algunas de sus obras se han traducido al coreano, pero yo quiero leerlas en español. Recomiéndeme algunas, por favor. En México, me hablaron de Jorge Luis Borges.

Dependiente : Borges es el pionero del postmodernismo. Hasta Michel Foucault y Umberto Eco lo consideraron como su maestro.

Chanjo : ¡Cómo pudo escribir tan buenas obras siendo casi ciego!

Dependiente : Porque era realmente un genio.

# Esquema gramatical

## 1. 부정과거 (Pretérito indefinido)

### ① 어간 불규칙 동사

|  | poder | hacer | traer |
|---|---|---|---|
| yo | p**ud**-**e** | h**ic**-**e** | tra**j**-**e** |
| tú | p**ud**-**iste** | h**ic**-**iste** | tra**j**-**iste** |
| él / ella / usted | p**ud**-**o** | h**iz**-**o** | tra**j**-**o** |
| nosotros(as) | p**ud**-**imos** | h**ic**-**imos** | tra**j**-**imos** |
| vosotros(as) | p**ud**-**isteis** | h**ic**-**isteis** | tra**j**-**isteis** |
| ellos / ellas / ustedes | p**ud**-**ieron** | h**ic**-**ieron** | tra**j**-**eron** |
|  | andar - and**u**ve<br>estar - est**u**ve<br>poner - p**u**se<br>saber - s**u**pe<br>tener - t**u**ve | venir - v**i**ne<br>querer - qu**i**se | decir - d**ij**e<br>producir - prod**uj**e<br>traducir - trad**uj**e<br>conducir - cond**uj**e |

A : ¿Dónde estuvisteis anoche?

B : Pues, estuvimos en la casa de Julio.


A : ¿Cuándo supiste la verdad?

B : Supe la verdad cuando me la dijeron.


A : ¿Cuántas personas hubo en la fiesta de ayer?

B : Ayer hubo diez personas.


A : ¿Qué hiciste la semana pasada?

B : Traduje un poema coreano al inglés.

A : ¿Con quién viniste a España?

B : Vine con mis primos.


② 완전불규칙

|  | dar | ser / ir |
| --- | --- | --- |
| yo | di | fui |
| tú | diste | fuiste |
| él / ella / usted | dio | fue |
| nosotros(as) | dimos | fuimos |
| vosotros(as) | disteis | fuisteis |
| ellos / ellas / ustedes | dieron | fueron |


A : ¿Fuisteis a la biblioteca ayer?

B : No, Teresa y yo fuimos al supermercado.


A : ¿Fuisteis alumnos del profesor Torres?

B : Yo fui alumno suyo, pero mi amiga fue alumna del profesor Marín.


A : ¿Qué le diste a tu hijo?

B : Le di un globo.

③ -ir 동사가 현재시제에서 불규칙 변화하는 경우:
　 3인칭 단복수에서 어간 모음 교체

| | pedir | morir |
|---|---|---|
| yo | ped-í | mor-í |
| tú | ped-iste | mor-iste |
| él / ella / usted | pid-ió | mur-ió |
| nosotros(as) | ped-imos | mor-imos |
| vosotros(as) | ped-isteis | mor-isteis |
| ellos / ellas / ustedes | pid-ieron | mur-ieron |
| | mentir : mintió, mintieron<br>sentir : sintió, sintieron<br>divertir : divirtió, divirtieron<br>seguir : siguió, siguieron<br>servir : sirvió, sirvieron<br>repetir : repitió, repitieron | dormir : durmió<br>durmieron |

A : ¿Qué pedisteis en el restaurante?

B : Juan pidió pollo asado con patatas y yo pedí pescado con verduras.


A : ¿Qué le pasó a Pedro anoche?

B : Pues, sintió dolor por todo el cuerpo.


A : ¿Cómo durmieron ustedes anoche?

B : Yo dormí bien, pero Carlos no durmió nada. Ayer murió un amigo suyo
　　de cáncer y estuvo muy triste toda la noche.

④ 부정과거와 현재완료 용법의 비교: 시간부사에 유의

| hoy, esta mañana, esta semana, este mes, hace un rato, etc. | ＋현재완료 |
|---|---|
| ayer, el otro día, la semana pasada, el año pasado, hace unos meses, etc. | ＋부정과거 |

Ayer fuimos al cine, pero hoy hemos ido al teatro.

La semana pasada llovió mucho, pero esta semana no ha llovido nada.

Anoche la fiesta terminó muy tarde.

La fiesta ha terminado ahora mismo.

El año pasado estuve de vacaciones en Irlanda.

Este año Miguel ha estado en París.

## 2. doler 동사

| me<br>te<br>le<br>nos<br>os<br>les | duele | la cabeza<br>el estómago<br>la espalda<br>la garganta<br>el cuello |
|---|---|---|
| | duelen | las muelas<br>los oídos<br>los ojos<br>las piernas |

A : ¿Estás enfermo?

B : Sí, estoy resfriado. Me duele mucho la cabeza.

A : ¿Por qué no tomas una aspirina?

B : Gracias.


A : ¿Qué te pasa?

B : Me duelen las muelas y tengo fiebre.

A : ¿Fuiste al dentista?

B : Todavía no.


cf. Tengo dolor de cabeza.

Tengo dolor de muelas.


## 3. 관계대명사

① que

La chica se llama Luisa. La chica vino ayer.

→ La chica que vino ayer se llama Luisa.

El señor es profesor de español. Conocí ayer al señor.

→ El señor que conocí ayer es profesor de español.

La casa es de mis abuelos. La casa está en venta.

→ La casa que está en venta es de mis abuelos.

Las cartas son de mis padres. Hemos recibido hoy las cartas.

→ Las cartas que hemos recibido hoy son de mis padres.


② 전치사＋관사＋que

El cuadro es muy caro. Estoy hablando del cuadro.

→ El cuadro del que estoy hablando es muy caro.

Éste es el documento. No es posible viajar sin el documento.

→ Éste es el documento sin el que no es posible viajar.

La chica es hija de María. El conde se casó con la chica.

→ La chica con la que se casó el conde es hija de María.

La señora está en la sala. Entregué las cartas a la señora.

→ La señora a la que entregué las cartas está en la sala.

③ 전치사+quienes

Los chicos con quienes(＝con los que) cené ayer son mis alumnos.

El señor de quien(＝del que) hablo es inglés.

La señora para quien(＝para la que) trabajo es muy simpática.

**호르헤 루이스 보르헤스** 아르헨티나의 시인·소설가로 상상력, 형식, 주제, 문체 등에서 독자의 판단을 전복시키는 새로운 글쓰기 패러다임을 제공한다. '사상의 디자이너'로 불리는 그는 미셸 푸코, 루이 알튀세, 자크 데리다, 움베르토 에코 등 20세기 서구 지성사의 핵심적 인물들에게 결정적인 영향을 끼쳤다. 『부에노스아이레스의 열기』(1923), 『픽션들』(1944), 『알레프』(1949), 『또 다른 탐문』(1960) 등의 작품을 남겼다.

# Ejercicios

## I. 괄호 속의 동사를 부정과거로 변화시키시오.

1. Ella no me (decir) _____ la verdad.

2. Yo (poder) _____ sacar buenas notas el primer semestre.

3. Tú (ser) _____ el mejor en nuestro equipo.

4. Pareces cansada. ¿Qué (hacer, tú) _____ anoche?

5. Cuando (venir) _____ las pobrecitas para pedirme ayuda, yo no (saber) _____ qué hacer.

6. El hombre (poner) _____ la mesa para toda la familia con mucho gusto.

7. En la discoteca (haber) _____ mucha gente bailando.

8. Claro que te (querer) _____ con todo mi corazón, pero ahora todo ha cambiado.

9. Anteayer (yo, ir) _____ al campo con unos vecinos.

10. Antonio (morir) _____ en un accidente tráfico.

## II. 괄호 속의 동사를 부정과거 또는 현재완료로 변화시키시오.

1. ¿Qué (hacer) _____ usted hoy?

2. Anteayer el profesor de inglés no (poder) _____ ir a la conferencia.

3. El sábado pasado (ir, yo) _____ a ver una película de aventuras.

4. ¿Ya (estar) _____ ustedes en España?
   Sí, el verano pasado (estar) _____ una semana en Barcelona.

5. Picasso (nacer) _____ en 1881, en la ciudad de Málaga.

6. Esta noche, la joven (ponerse) _____ un vestido rojo.

7. Nosotros aún no (ver) _____ esa película.

8. El año pasado (llover) _____ mucho, pero este año todavía no (llover) _____.

9. (haber) _____ una fiesta en Moncloa.

10. No podemos usar la lavadora porque el mecánico todavía no (venir) _____ a repararla.


**III.** 다음 글에서 가능한 모든 동사를 부정과거로 바꾸고 해석하시오.

Después de expulsar a los cartagineses de la Península Ibérica, Roma empieza a dominar el territorio. Los romanos destruyen por completo la civilización ibérica. Los pueblos hispanos pierden sus propias lenguas para adoptar el latín y aceptan los cultos romanos. La dominación romana dura, aproximadamente, seis siglos. Más tarde, en el año 711, los árabes llegan a España y establecen su capital en Córdoba. En arquitectura, los árabes introducen y desarrollan un nuevo estilo a base de arcos de herradura y columnas delgadas. Este estilo se conserva en la Mezquita de Córdoba, la Alhambra en Granada y la Giralda de Sevilla. La influencia árabe se extiende mayormente en el sur afectando el espíritu, las costumbres y el idioma.


**IV.** 다음 질문에 주어진 표현을 이용하여 다음과 같이 답하시오.

¿Qué hiciste la semana pasada? (ir de excursión)
→ Fui de excursión.

1. ¿Dónde estuvisteis ayer? (estar en el parque de atracciones)

2. ¿Qué hiciste anoche? (hacer las maletas)

3. ¿Adónde fueron ustedes el verano pasado? (ir de campamento)

4. ¿Cómo fue la película? (ser muy aburrida)

5. ¿Por qué no viniste a clase ayer? (tener un accidente)

6. ¿Cuántas personas hubo en la fiesta? (haber 11 personas)

7. ¿Cómo fuisteis a Mallorca? (coger el avión)

8. ¿Cómo pasó usted el fin de semana? (ir a Buenos Aires y ver a algunos amigos)

9. ¿Por qué no fueron los niños a la escuela? (no querer ir)

10. ¿Por qué viniste solo? (mi amigo tener que trabajar y no poder venir)

11. ¿En qué banco pusiste tu dinero? (ponerlo en el banco nacional)

12. ¿Cómo viniste? (conducir mi coche y caminar un poco)


**V.** 다음 두 문장을 관계대명사를 사용하여 한 문장으로 만드시오.

1. El señor es don José. El señor acaba de salir.

2. El caballero es profesor. Hemos visto al caballero.

3. El muchacho viene allí. Estamos hablando del muchacho.

4. La casa ya es vieja. Vivo en esa casa.

5. La clase es muy interesante. Asisto a esa clase.


**VI.** 다음 문장을 스페인어로 작문하시오.

1. 안또니오 가우디는 1852년에 태어나서 1926년에 죽었다.

2. 우리는 수업에 늦지 않기 위해서 택시를 타야만했다.

3. 나는 어제 귀가 매우 아팠다

4. 나는 감기에 걸려서 목이 아프다.

5. 내가 쓰고 있는 이 볼펜은 애인한테 받은 선물이다.

6. 작년에 우리는 비행기를 타고 파리에 갔었다.

7. 제주도 여행 어땠니? 우리는 이번 여름에 거기에 갔었는데.

8. 수미는 영어, 스페인어, 프랑스어를 하는 우수한 학생이다.

9. 지난 8월 후안과 그의 애인은 부산에 휴가를 갔었다.

10. 어느 오후 그들은 투우를 보러갔고 무척 즐겼다.

**사그라다 파밀리아 성당** 바르셀로나를 상징하는 건축물로 19세기말에 스페인의 천재 건축가 안또니오 가우디에 의해 본격적으로 세워지기 시작하였다. "사그라다 파밀리아 성당의 건설은 천천히 진행되고 있다. 그 이유는 이 작품의 주인(하느님)이 서두르지 않기 때문이다"라고 한 가우디의 말대로 100년이 훨씬 지난 지금까지도 여전히 공사가 진행 중이다.

Lección

15

Yo vivía en un pueblo cuando era pequeño

**가우초** 남미의 카우보이. 주로 팜파스에 거주하는 가우초 들은 스페인·포르투갈 등지에서 온 사람들과 원주민의 혼혈로 생겨난 독특한 인종형으로 유목민족과 같은 생활 형태를 보여준다. 19세기의 아르헨티나 시인 호세 에르난 데스는 '마르띤 피에로'라는 가우초의 인물전형을 창조했 다.

Mina hace un viaje con su amiga Carmen a un pueblo chileno, muy cerca de la frontera con Argentina. Carmen quiere enseñarle a la amiga coreana su pueblo natal. Al igual que los pueblos coreanos, este lugar conserva muy bien su aspecto rural. Pero Mina ha notado que en este pueblo no hay jóvenes. Probablemente, los jóvenes se fueron a las ciudades grandes en busca de trabajo para ganar más dinero.

Carmen : ¡Para el coche! Ya hemos llegado.

Mina : ¿Es éste tu pueblo?

Carmen : Sí. Aquí vivía yo cuando era pequeñ. Mira, aquélla era nuestra casa.

Mina : Es muy tranquilo y bonito.

Carmen : Sí. Pero está muy cambiado. Ésta es la plaza del pueblo. Aquí jugaba yo con mis amigos.

Mina : ¿No ibas a la escuela?

Carmen : Sí. La escuela estaba en aquella esquina. Ahora en su lugar hay un supermercado. Teníamos un maestro muy simpático.

Mina : ¿Y qué hacías los domingos?

Carmen : Me divertía mucho. En aquel tiempo no había cine ni televisión. Bajaba al río con mis amigos. Allí pasábamos la tarde. Nadábamos, pescábamos y luego merendábamos todos juntos.

Mina : Lo pasabas muy bien aquí, ¿verdad?

Carmen : Sí. Por eso vengo a visitarlo todos los años.

Mina : Se me olvidaba decirte que regresamos mañana a Corea.

Carmen : ¿Tan pronto?

Mina : Nos vamos mañana porque vamos a pasar por Los Ángeles, allí viven unos tíos míos.

Carmen : Pensaba que iban a estar más tiempo con nosotros. ¡Qué pena! Mañana, entonces, paso por ustedes para llevarlos al aeropuerto.

**아랑후에스 왕궁** 마드리드 근교의 따호 강변에 아름답게 펼쳐진 아랑후에스는 〈아랑후에스 협주곡〉의 무대로 도시 전체가 스페인 왕실의 여름 별궁으로 조성된 곳이다. 왕궁은 16세기 중반, 펠리뻬 2세 시대에 착공되어 18세기 후반, 까를로스 3세 시대에 완성되었다.

# Esquema gramatical

## 1. 불완료과거 (Pretérito imperfecto)

### ① 규칙동사

|  | -AR | -ER | -IR |
|---|---|---|---|
| yo | habl-aba | com-ía | viv-ía |
| tú | habl-abas | com-ías | viv-ías |
| él / ella / usted | habl-aba | com-ía | viv-ía |
| nosotros(as) | habl-ábamos | com-íamos | viv-íamos |
| vosotros(as) | habl-abais | com-íais | viv-íais |
| ellos / ellas / ustedes | habl-aban | com-ían | viv-ían |

### ② 불규칙동사

|  | SER | IR | VER |
|---|---|---|---|
| yo | era | iba | veía |
| tú | eras | ibas | veías |
| él / ella / usted | era | iba | veía |
| nosotros(as) | éramos | íbamos | veíamos |
| vosotros(as) | erais | ibais | veíais |
| ellos / ellas / ustedes | eran | iban | veían |

### ③ 용법

i) 진행 중인 과거의 행위나 상황의 기술

A : ¿Qué hacían los niños?

B : Los niños jugaban en la calle.

A : ¿Hablabas bien el inglés cuando eras niño?

B : Sí, de niño hablaba muy bien el inglés.


A : ¿Dónde vivían ustedes cuando eran pequeños?

B : Cuando éramos pequeños, vivíamos en Seúl.


En los años sesenta estaba de moda la minifalda.


## ii) 과거의 습관이나 지속적 행위

| todos los días, todos los domingos, siempre, en aquellos días / años, de joven / pequeño / estudiante, etc. | ＋불완료과거 |
| --- | --- |


Mi madre nos llamaba todos los días. (cf. Mi madre nos llamó anoche.)

El profesor de español siempre llegaba temprano. (cf. Ese día llegó tarde.)

En Corea íbamos a visitar a mis padres todos los meses.


cf. soler＋infinitivo

　Nos escribía todas las semanas.

　→ Solía escribirnos todas las semanas.


## iii) 사실이나 장면의 묘사 및 심리적 · 신체적 상태 표현


Su mujer era joven y guapa.

Entonces tenía dieciocho años. (cf. Ayer cumplí treinta años.)

El cielo estaba cubierto de nubes negras.

Había mucha gente en la manifestación.

Julia no se sentía contenta en el trabajo.

Ellos querían visitar varias fábricas en Corea.

Yo creía que vivías en Santiago.

Pensaba que era cierto.

Sabía que su amiga era coreana.

v) 주절 동사가 과거일 때 종속절 시제의 일치

Juan me dijo: "Me duele la cabeza".

　　→ Juan me dijo que le dolía la cabeza.

Los niños dijeron: "Tenemos hambre".

　　→ Los niños dijeron que tenían hambre.

Te llamé para preguntarte: "¿Me quieres?".

　　→ Te llamé para preguntarte si me querías.

Algunas personas me preguntaron: "¿Necesita ayuda?".

　　→ Algunas personas me preguntaron si necesitaba ayuda.

④ 불완료과거와 부정과거의 용법 비교

Cuando yo estaba en España, vi a Pedro Almódovar.

Cuando iba a la oficina, tuvo un accidente.

Cuando me desperté, eran las doce.

Cuando volví a casa, mi padre veía la televisión.

Cuando subí al autobús, me encontré con Pepe.

En cuanto salí a la calle, comenzó a llover.


Cuando yo era joven, escribía versos.

Cuando vivía en Asturias, trabajaba en una mina.


## 2. 과거 진행형

---
estar의 불완료과거 / 부정과거 + 현재분사
---


A : ¿Qué estabas haciendo cuando te llamé?

B : Estaba escribiendo una carta a mi amiga.

  Estaba hablando con Julia.

  Estaba durmiendo en mi habitación.

  Estaba leyendo el periódico.


A : ¿Qué estuvisteis haciendo durante todo el día?

B : Estuvimos descansando durante todo el día.


Los turistas norteamericanos estuvieron viajando por México durante cinco

  días.

## 3. 관계대명사: 선행사가 생략된 경우

① 관사＋que: '~하는 사람', '~하는 것'

A : ¿Cuáles son tus pantalones?

B : Los que están sobre la mesa.

Los que conocí ayer son abogados.

El que todo lo quiere, todo lo pierde.

Las que llevan ropa cara no siempre son ricas.

② quien, quienes: '~하는 사람(들)'

Quien habla mucho sabe poco.

Creo que me ha confundido con otro, señor. Yo no soy quien usted dice.

Quienes no querían ver la televisión se fueron a la cama.

③ lo que: '~한 것'

Lo que te dije anteayer era verdad.

Lo que me encanta es esto.

※ lo que, lo cual: 앞의 문장을 지시

Juan no vino, lo cual me ha sorprendido mucho.

El precio del coche es muy alto, lo cual hace difícil la venta.

Juan no trabajó ni cumplió, por lo que está automáticamente despedido.

He perdido las llaves del laboratorio, por lo que he tenido que cambiar la cerradura.

**I.** 괄호 속의 동사를 불완료과거로 변화시키시오.

1. Antes (venir, vosotros) _____ a vernos a menudo.
2. Cuando yo (ser) _____ joven, (llevarse, yo) _____ muy bien con la familia de Ignacio.
3. Mi hermano y yo siempre (ir) _____ al colegio juntos.
4. Mientras que el Sr. Díaz (comer) _____ , la señora Díaz (hablar) _____ sin parar.
5. Todos los días (coger, yo) _____ el metro para ir a la oficina.
6. En los primeros años, (trabajar, yo) _____ hasta muy tarde y (volver) _____ a casa casi agotado.
7. Esa mañana (estar) _____ lloviendo.
8. Ellos (ver) _____ a sus tíos cuando (estar) _____ de vacaciones.
9. Ustedes (soler) _____ cocinar cuando (tener) _____ ganas.
10. ¿A qué mercado (ir, tú) _____ cuando (vivir) _____ en el Barrio del Pilar?

**II.** 주어진 표현에 불완료과거를 사용하여 다음 질문에 답하시오.

1. ¿Cómo eras tú cuando eras pequeño? (yo, ser un poco bajo y tímido)
2. ¿Dónde vivía usted cuando tenía 10 años? (vivir en un pueblo pequeño)
3. ¿Cuántos erais de familia? (ser 5)
4. ¿Qué tipo de música les gustaba a ustedes cuando eran jóvenes? (gustar, la música pop)
5. ¿A qué escuela ibas cuando tenías 8 años? (ir a una escuela católica)

6. ¿Qué hacían los domingos cuando eran estudiantes de la universidad? (jugar al tenis e ir a la piscina)

7. ¿A qué hora te acostabas cuando eras niño? (acostarse a las 9)

8. ¿Qué hacían ustedes en casa? (ver la televisión)

9. ¿Qué hacían tus padres los sábados? (ir al supermercado y limpiar la casa)

**III.** 간접 화법을 이용하여 예문과 같이 바꿔 쓰시오.

> Tenemos sueño. → Dijeron que tenían sueño.

1. No puedo ir. → Dijo que _____.

2. Me duele la cabeza. → Dijo que _____.

3. No podemos salir hoy. → Dijeron que _____.

4. Los brasileños juegan muy bien al fútbol.

    → Dijo que _____.

5. Estamos cansados. → Dijeron que _____.

6. No nos gusta caminar. → Dijeron que _____.

7. No sé conducir. → Dijo que _____.

8. Me divierto mucho. → Dijo que _____.

**IV.** 다음에 주어진 동사를 부정과거나 불완료과거로 변화시켜 완성하시오.

Pablo Picasso (nacer) _____ en 1881, en Málaga. Su padre (ser) _____ profesor de dibujo y conservador del museo de Málaga. Desde el comienzo de su vida (estar) _____ destinado a sorprender en la historia del arte. Picasso (vivir) _____ en Francia durante muchos años pero siempre (mantenerse) _____ en contacto con España. En

1937, (pintar) _____ el "Guernica", considerado como el máximo exponente de su producción y de toda la pintura contemporánea. En 1936, (estallar) _____ la Guerra Civil de España y la ciudad vascongada de dicho nombre (ser) _____ destruida por el bombardeo de la aviación alemana. Esto (inspirar) _____ su mentalidad creadora durante muchos años y es así como (producirse) _____ el "Guernica".

## V. 다음 문장을 스페인어로 작문하시오.

1. 어렸을 때 나는 가족과 함께 시골에서 살았다.
2. 아버지는 화요일마다 내게 전화를 하셨다.
3. 후안이 전화했을 때 나는 텔레비전을 보고 있었다.
4. 우리들이 집에 돌아왔을 때 아이들은 잠자고 있었다.
5. 붉은색 셔츠를 입은 이들이 한국 선수들이다.
6. 내 치마가 어느 거예요? – 의자 위에 있는 거란다.
7. 어머니는 고향으로 돌아가고 싶어 했지만 갈 수 없었다.
8. 내가 어제 전화 했을 때 너는 무엇을 하고 있었니?
9. 내가 젊었을 때는 청바지가 유행했었다.
10. 우리는 일주일에 세 번 축구 경기를 보러 가곤 했다.

**소몰이 행사** 매년 7월에 나바라주(州)의 주도(州都) 빰쁠로나에서 열리는 산 페르민 축제의 하이라이트로 도심 한복판에서 소와 사람이 뒤엉켜 850m의 거리를 질주하는 행사. 정열적인 스페인 사람들의 기질이 잘 나타나며 헤밍웨이의 소설 『해는 또다시 떠오른다』에 소개되어 전 세계적으로 유명해졌다.

**리우데자네이루 전경**  1763년부터 1960년까지 브라질의 수도였으며, 세계 3대 미항의 하나로 꼽힐 만큼 자연미와 인공미가 절묘한 조화를 이룬다. 1502년 1월 1일 포르투갈의 항해자가 발견했으며, 발견자가 부근의 만(灣)을 강어귀로 잘못 알고 '리우 데 자네이루(1월의 강)'라고 명명한 데서 도시의 이름이 유래하였다. 사진은 높이 약 400m의 바위산인 빵 데 아수까르에서 내려다본 리우의 전경.

## Dijo que le había dado una insolación

**이브라힘 페레르** 쿠바의 재즈 보컬그룹 부에나비스타 소셜 클럽의 볼레로 가수. 1999년 〈부에나비스타 소셜 클럽〉이라는 제목의 다큐멘터리 영화가 상영된 뒤에 다른 멤버들과 함께 쿠바를 대표하는 음악가로 세계적인 주목을 받았다. 2005년 8월 6일 향년 78세로 세상을 떠났다.

Para tomar el avión con destino a Los Ángeles, los chicos coreanos tuvieron una serie de contratiempos. Mina y Seri querían despedirse de sus amigos, y la despedida duró mucho tiempo. No habían mirado el reloj. Cuando se dieron cuenta de la hora, tomaron un taxi con rumbo al aeropuerto. Para colmo, había ocurrido un accidente en la carretera y, por eso, había un gran atasco. Por suerte, no perdieron el avión porque el vuelo se había retrasado media hora. Llegaron a Los Ángeles y ahora se encuentran en la casa del tío de Insu, manteniendo una amena conversación con la familia.

Tío : ¿Qué nos contáis de vuestras aventuras en América?

Insu : Todo fenomenal. Nos ha gustado todo lo que vimos, todo lo que comimos y todo lo que compramos.

Chanjo : Nunca habíamos visto unas playas como ésas. ¡Nos gustaron tanto que estuvimos mucho tiempo bajo el sol! Cuando regresamos al hotel, a Seri le dolía mucho la cabeza y no hacía más que dormir. Estaba casi moribunda.

Prima : ¿Y qué hicisteis?

Insu : Pues la llevamos al médico. La examinó y nos dijo que había estado demasiado tiempo bajo el sol del mediodía. Estaba deshidratada y le había dado una insolación.

Tía : ¿Qué le recetó el médico?

Insu : Lo primero, mucho reposo, tomar muchos líquidos, no comer mucho y tomar algunos medicamentos.

Tío : ¡Qué susto os habréis llevado!

Chanjo : La verdad es que nunca antes nos había pasado algo semejante.

Prima : Y Mina, ¿no tuvo problemas?

Chanjo : A Mina también la examinó el médico, pero no le pasaba nada porque había tomado suficiente líquido. ¡Se tomó más de cinco naranjadas con mucho hielo!

**후안 까를로스 1세** 알폰소 13세의 손자로 1975년 프랑꼬 사후 왕위에 오른 스페인 국왕. 탁월한 리더십으로 스페인 민주화 과정에서 결정적 역할을 수행하여 모든 국민들의 사랑과 존경을 받고 있다. 쿠바의 국가평의회 의장인 피델 까스뜨로를 만나고 있다.

**마드리드 왕궁** 왕위계승전쟁의 결과 프랑스의 펠리뻬 5세가 부르봉 왕조의 왕으로 등극하면서 1738~64년에 건설되었고 건물의 주된 건축 양식은 베르사유 궁전을 모방한 바로크 양식이다. 현재 왕궁이 자리 잡은 곳은 1083년 그리스도교도가 미드리드를 탈환힐 때까지 이슬림교노의 성채가 있넌 사리다.

# Esquema gramatical

## 1. 과거완료 (Pretérito pluscuamperfecto)

① 형태: haber (불완료과거) + 과거분사

|  |  | -AR | -ER | -IR |
|---|---|---|---|---|
| yo | había | | | |
| tú | habías | | | |
| él / ella / usted | había | hablado | comido | vivido |
| nosotros(as) | habíamos | | | |
| vosotros(as) | habíais | | | |
| ellos / ellas / ustedes | habían | | | |

② 용법:

i) 과거에 일어난 사건, 행위 이전에 완결된 사건이나 행위

A : ¿Por qué no le pusiste gasolina al coche?

B : Porque Javier ya había llenado el tanque.

A : ¿Hablaste con el portero?

B : No, porque cuando fui a verlo, ya se había ido.

A : ¿A qué hora salió el tren?

B : No sé. Cuando llegué a la estación, ya había salido.

A : ¿Por qué no vieron la película?

B : Porque cuando llegamos al cine, ya se habían agotado las entradas.

A : ¿Leíste el libro que te había regalado?

B : Sí, y me gustó mucho.


ii) 간접화법 표현에서 시제일치를 위해 사용


Dijo Juan: "Estaba muy cansado".

　→ Juan dijo que había estado muy cansado.


Los turistas coreanos me dijeron: "Hoy hemos visitado el Museo del Prado".

　→ Los turistas coreanos me dijeron que aquel día habían visitado el Museo del Prado.


Juan dijo: "Fui a Bolivia en 1989".

　→ Dijo que había ido a Bolivia en 1989.


Ellos dijeron: "tuvimos a nuestro hijo en 1993".

　→ Ellos dijeron que habían tenido a su hijo en 1993.


## 2. hacer 동사의 시간적 표현

① 계속적 용법: ~전부터 ~하고 있다.

> － hace＋시간＋que＋현재 / 현재완료
> － 현재 / 현재완료＋desde hace 시간

A : ¿Cuánto tiempo hace que estudias español?

B : Hace tres años que estudio español.

Estudio español desde hace tres años.


A : ¿Desde cuándo no has ido a clase?

B : Hace una semana que no he ido a clase.

No he ido a clase desde el martes.

No he ido a clase desde hace una semana.


② 완료적 용법: ~전에 ~했다.

> - hace＋시간＋que＋부정과거
> - 부정과거＋hace＋시간

A : ¿Cuánto tiempo hace que conociste a María?

B : Hace dos años que la conocí.

Conocí a María hace dos años.


A : ¿Cuánto tiempo hace que llamaste a la policía?

B : Hace casi veinte minutos que llamé a la policía.

Llamé a la policía hace casi veinte minutos.


## 3. 관계형용사와 관계부사

① cuanto (cuanta, cuantos, cuantas)

Te daré cuantas monedas (＝todas las monedas que) tengo.

Cuanto (＝Todo lo que) dices es verdad.

② cuyo (cuya, cuyos, cuyas)

Éste es el profesor cuyas hijas estudian en Europa.

Es una obra cuyas fuentes son muy conocidas.


③ donde, cuando, como

La casa donde vivían mis padres se ha vendido.

Fue en París donde conocí a mi marido.

Mañana es cuando tengo el examen de español.

Es la manera como se conduce el avión.

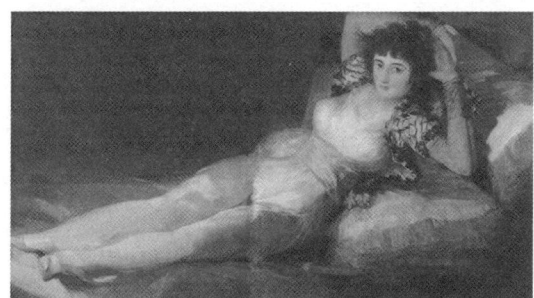 

〈옷 입은 마하〉와 〈옷 벗은 마하〉 스페인의 귀족문화가 마지막 영화를 누리던 시대에 까를로스 4세의 궁정화가였던 프란시스꼬 고야가 그린 대표적인 인물화로 마드리드의 쁘라도 미술관에 소장되어 있다. 고야의 작품 120여 점을 포함하여 8,000점 이상의 미술 작품을 소장한 쁘라도 미술관은 루브르 미술관, 에르미타주 미술관과 나란히 세계 3대 미술관의 하나로 꼽힌다.

## Ejercicios

**I.** 다음 동사를 과거완료형으로 바꾸시오.

1. Estaba seguro de que ellos (ganar) _____ el partido.

2. Hasta aquel momento, Carlos nunca (perder) _____ los partidos.

3. Cuando volví a casa, descubrí que ella (salir) _____.

4. A mi hija le gustaba mucho el juguete que le (regalar) _____ su abuelo.

5. Me dijeron que (tú, ser) _____ el causante.

6. Me avisaron que mi padre (morir) _____ hacía una semana.

7. Juan y yo ya (cenar) _____ cuando nos llamaste.

8. Pedro no quiso ir a ver la película con ella porque ya la (ver) _____.

9. El vecino dijo que ellos ya (volver) _____ a casa cuando sucedió el robo.

10. Los muchachos no pudieron regresar a la isla porque la barca ya (romperse) _____ .

**II.** 이탤릭체로 표시된 동사를 부정과거, 불완료과거 또는 과거완료로 바꾸어 전체 문장을 완성하시오.

1. Cuando María *llega* a casa, su familia ya *se ha acostado*.

2. Siempre que le *invito*, alguien le *ha invitado* antes.

3. Cada vez que te *digo* la verdad, otros te la *han dicho* antes.

4. *Entro* al cine. Pero la película ya *ha comenzado*.

5. *Quiero* sacar un poco de dinero. Pero *noto* que el banco ya *ha cerrado*.

III. 보기와 같이 변화시키시오.

> Un español me preguntó: "¿Hablas español?"
>
> → Un español me preguntó que si hablaba español.

1. El profesor me preguntó: "¿Has preparado la lección?"

2. Te llamé para preguntarte: "¿Me quieres?"

3. Nos preguntaron: "¿Adónde fuisteis?"

4. Mi jefe me preguntó: "¿Has recibido ya la mercancía?"

5. Le preguntó a Isabel: "¿Cuál prefieres?"

6. Le pregunté: "¿Con quién y en dónde has estado hasta ahora?"

7. La profesora me dijo: "¿Por qué te quedas tan calladito en clase?"

8. Teresa me llamó y me preguntó: "¿Puedes venir al concierto conmigo?"


IV. 보기와 같이 주어진 단어를 이용하여 다음 질문에 답하시오.

> ¿Cuánto tiempo hace que vives en Corea? (un mes)
>
> → Hace un mes que vivo en Corea.
>
> ¿Desde cuándo vives aquí? (dos años)
>
> → Vivo aquí desde hace dos años.

1. ¿Cuánto tiempo hace que sales con César? (seis meses)

2. ¿Cuánto tiempo hace que no vas a clase? (dos semanas)

3. ¿Cuánto tiempo hace que fumas? (5 años)

4. ¿Cuánto tiempo hace que estás esperando a tu amigo? (una hora y media)

5. ¿Cuánto tiempo hace que despegó el avión? (diez minutos)

6. ¿Cuánto tiempo hace que compraste este coche? (tres años)

7. ¿Desde cuándo vives en este barrio? (desde 1995)

8. ¿Desde cuándo no has ido al médico? (una semana)

## V. 다음 문장을 스페인어로 작문하시오.

1. 내가 전화를 걸었을 때 그녀는 이미 잠이 들었었다.
2. 저 여가수는 3년 전에 결혼했지만 곧 이혼했다.
3. 나는 지난 토요일 이후 공부를 한 적이 없다.
4. 수미가 역에 도착했을 때 마지막 기차가 이미 출발했었다.
5. 우리가 영화관에 도착했을 때 영화는 이미 시작했었다.
6. 그들은 내가 숙제를 다 했는지 물었다.
7. 우리는 서로 알고 지낸 지 10년이 되었다.
8. 부모님은 자식에게 갖고 있는 모든 것을 주신다.
9. 그 신문은 한국 경제가 좀 나아졌다고 보도했다.
10. 나는 이 기계가 작동하는 방식을 모르겠어.

〈라스 메니나스〉 펠리뻬 4세의 궁정화가로 스페인 회화 황금기를 장식했던 벨라스께스의 만년의 대작으로 사실주의 화풍의 인물화와 집단 초상화에 뛰어났던 그의 재능이 응축되어 있다. 프랑스의 철학자 미셸 푸코는 이 작품에서 재현이라는 고전주의시대의 에피스테메를 찾아냈다.

**프리다 깔로의 〈자화상〉** 프리다 깔로는 7세 때 소아마비에 걸려 다리를 절게 되었고, 18세 때 교통사고로 척추·오른쪽 다리·자궁을 크게 다쳐 평생 30여 차례의 수술을 받는 등 고통으로 점철된 삶을 살았다. 이러한 삶은 그녀의 예술 세계에도 큰 영향을 주어 작품 중에는 정신적·육체적 고통을 표현한 자화상이 특히 많다. 사회적 관습을 완강히 거부하고 고통을 예술로 승화시켰던 프리다는 1970년대에 페미니즘 운동이 대두하면서 새롭게 부각되기 시작했고 1984년 멕시코 정부는 그녀의 작품을 국보로 지정하였다.

Mañana, Sumi y Minsu, primos de Insu, llevarán a nuestros cuatro amigos a pasear por las calles. Irán de compras y visitarán algunos lugares famosos de Los Ángeles. Ahora, han terminado de cenar y todos juntos están planeando las actividades del día siguiente.

Sumi : ¿Qué harán mañana? ¿Tienen ya algún plan?

Seri : Mina y yo hemos pensado en ir de compras al centro, aunque los chicos tal vez no querrán ir.

Chanjo : Te equivocas, Seri. No sólo iremos con ustedes, sino que compraremos también algunos regalos para llevar a Corea.

Minsu : Pero habrán visto los anuncios de los estudios Universal, ¡es un lugar fascinante!

Insu : Así es. Gracias a la tecnología, hoy en día las películas se producen de manera sorprendente.

Sumi : Si salimos temprano, alcanzaremos a visitar los dos lugares, el centro y los estudios de cine.

Tío : Además, temprano no habrá tanto tráfico y alcanzarán a hacerlo todo.

Minsu : Llamaré a Ricardo, un amigo hondureño que trabaja como guía en los estudios Universal.

Chanjo : Ayer que fuimos a Disneylandia, me sorprendió oír a tanta gente que hablaba español.

Tío : La comunidad hispana de Los Ángeles es muy numerosa. De hecho, la presencia del idioma español en este país es tan significativa que existe ya una página web del Gobierno Federal en español y las grandes cadenas de televisión tienen muchos programas en español.

Seri : ¿Dónde estará Mina? Estaba aquí hace un momento.

Sumi : Habrá ido a la tienda. Quería comprar más naranjas, ¡ahora le encantan las naranjadas!

Tío : Mañana por la noche pasarán un programa especial sobre Antonio Villarraigosa: "Un alcalde hispano en Los Ángeles en más de cien años". Los padres de Villarraigosa eran mexicanos.

Minsu : Para entonces ya habremos regresado a casa. Seguramente, será muy interesante.

**마리아치** 란체라와 함께 멕시코를 대표하는 전통음악 혹은 그 음악을 연주하는 악단. 악단은 크고 작은 기타류·바이올린·트럼펫 등에 의한 7~10명 정도의 편성이 많다. 처음에는 주로 야외파티 같은 곳에서 연주하였으나 나중에 일반화되었으며 멕시코시티의 가리발디 광장이 가장 잘 알려진 활동무대이다.

# Esquema gramatical

## 1. 미래시제 (Futuro)

### ① 규칙변화

|  | -AR | -ER | -IR |
|---|---|---|---|
| yo | hablar-é | comer-é | vivir-é |
| tú | hablar-ás | comer-ás | vivir-ás |
| él / ella / usted | hablar-á | comer-á | vivir-á |
| nosotros(as) | hablar-emos | comer-emos | vivir-emos |
| vosotros(as) | hablar-éis | comer-éis | vivir-éis |
| ellos / ellas / ustedes | hablar-án | comer-án | vivir-án |

### ② 불규칙변화

| 어미모음-e-탈락형 | 어간자음-d-삽입형 | 음절탈락형 |
|---|---|---|
| caber - cabré | poner - pondré | |
| haber - habré | venir - vendré | |
| poder - podré | tener - tendré | hacer - haré |
| querer - querré | salir - saldré | decir - diré |
| saber - sabré | valer - valdré | |

### ③ 용법

i) 미래에 일어날 일

A : ¿Cómo viajarán ustedes de Madrid a Barcelona?

B : Alquilaremos un coche o viajaremos en tren.


A : ¿Adónde irán ustedes el próximo verano?

B : Iremos a San Sebastián.

A : ¿A qué hora saldréis para Mallorca?

B : Saldremos muy temprano.


A : ¿Qué haréis el domingo?

B : Visitaremos a nuestros padres.


cf. ir a + infinitivo, 현재시제 동사

　　Mañana partiremos a Europa.

　　　　→ Mañana vamos a partir a Europa.

　　　　→ Mañana partimos a Europa.


ii) 현재에서의 가능성, 추측


A : ¿Habrá mucho tráfico en la Avenida de América?

B : No sé. No habrá tanto a esta hora.


A : ¿Qué hora es?

B : No sé... serán las diez y media.


A : ¿Dónde está Antonio?

B : Estará en la reunión del sindicato.


A : ¿Cuántos años tiene Julio?

B : Tendrá unos veinte años.


cf. deber de + infinitivo

　　Debe de haber una crisis muy grave en ese país.

Debe de gastar muchísimo dinero para mantener a todos sus hijos.

iii) 명령 표현

A : Mamá, ¿puedo jugar con mis amigos?

B : No, terminarás tus deberes y te quedarás en casa.

Harás tal como te indico.

Niños, no saldrán de casa porque llueve.

iv) 단순가정

Si trabajas, ganarás dinero.

Si no corres, perderás el tren.

Si vienes a la fiesta, conocerás a Julio.

Si no te levantas ahora, llegarás tarde.

## 2. 미래완료 (Futuro Perfecto)

### ① 동사 변화

| | | -AR | -ER | -IR |
|---|---|---|---|---|
| yo | habré | | | |
| tú | habrás | | | |
| él / ella / usted | habrá | hablado | comido | vivido |
| nosotros(as) | habremos | | | |
| vosotros(as) | habréis | | | |
| ellos / ellas / ustedes | habrán | | | |

② 용법

i) 미래에서 완료된 행위

A : ¿Estará Antonio en casa para las ocho?
B : Sí, estoy seguro de que ya habrá vuelto para esa hora.

A : ¿Ya habrán terminado ustedes el trabajo para la semana próxima?
B : Sí, para entonces ya lo habremos terminado.

Antes de la una, mi hermano ya habrá llegado al aeropuerto.
Para fines de este año, mis padres ya habrán vuelto de Francia.

ii) 과거의 추측

A : Habrás visto los anuncios de los coches de este año.
B : Sí, los he visto y los precios están altísimos.

A : María y José han llegado a Madrid a la misma hora.
B : Habrán venido en el mismo avión.

A : Juan dice que Ana no es puntual.
B : Habrá llegado tarde a la fiesta.

## 3. 접속사

a medida que: ~함에 따라

A medida que subió el sol, los pescadores acudieron al mar.

demasiado ... para...: ~하기에는 너무 ~하다.

　　Este coche es demasiado caro para comprarlo.

de modo que: 그러므로, 따라서

　　La grúa se llevó el coche, de modo que tuve que tomar un taxi.

gracias a: ~덕분에

　　La selección coreana consiguió brillantes victorias sin precedentes gracias a Guss Hiddink.

ni siquiera: ~조차 하지 않고서

　　Ella salió sin decir ni siquiera una palabra.

no sólo ... sino también ...: ~일뿐 아니라 ~이기도 하다.

　　No sólo era un buen cocinero, sino también un fantástico anfitrión.

no ... sino ...: ~가 아니라 ~이다.

　　Éstos no eran gigantes, sino simples molinos de viento.

pese a ...: ~에도 불구하고

　　Pese a todas las dificultades, mi hermano logró terminar con éxito su trabajo.

tanto ... como ...: ~뿐만 아니라 ~도

　　Hablan español tanto los españoles como los hispanoamericanos.

tan(tanto) ... que ...: 너무 ~해서 ~하다.

　　Llovió tan fuerte que hubo mucho tráfico en el centro de la ciudad.

라빠스　1548년 알띠쁠라노 고원 약 3,600m의 고지에 건설되었으며, 볼리비아의 정치·문화·경제의 중심지로 사실상의 수도(헌법상의 수도는 수끄레) 기능을 하고 있다.

# Ejercicios

I. 괄호 안에 알맞은 미래형 동사를 넣으시오.

1. (yo, casarse) _____ y (tener) _____ dos hijos.

2. El año próximo Juan (graduarse) _____ e (ir) _____ a
   los Estados Unidos.

3. Mi jefe (venir) _____ a mi casa y me (decir) _____ que
   le gustan mis ideas.

4. ¿(tú, poder) _____ venir a mi casa la semana que viene?

5. ¿Qué (ustedes, hacer) _____ el domingo?

6. (nosotros, tener) _____ que cuidar a los niños.

7. ¿Cuándo (estar) _____ listo el coche?

8. Lo (nosotros, saber) _____ esta tarde.

9. ¿Qué (tú, ponerse) _____ para la fiesta de mañana?

10. ¿A qué hora (venir) _____ Antonio a casa?

II. 주어진 표현을 사용하여 다음과 같이 문장을 만드시오.

> tú correr / alcanzar el tren → Si corres, alcanzarás el tren.

1. tú venir a mi casa / ver a Claudia.

2. vosotros darse prisa / llegar pronto

3. usted no descansar / ponerse enfermo

4. tú pasar por debajo de una escalera / tener mala suerte

5. tú tocar madera / tus deseos cumplirse

6. usted coger el ramo de la novia / casarse pronto

7. ustedes cruzarse con un gato negro / tener mala suerte

8. nosotros llegar tarde a clase / el profesor enfadarse

9. ellos ir al concierto / yo acompañarlos

10. nosotros trabajar mucho / ser ricos

III. 예문과 같이 부사 ya, todavía를 이용해서 문장을 완성하시오.

---

Juan saldrá de casa a las 8;

→ A las 10 ya habrá salido de casa.

→ A las 7 todavía no habrá salido de casa.

---

1. Mi padre siempre me llama por la mañana;

→ Por la tarde _____

2. María se va a casar en mayo;

→ En octubre _____

3. El día 12 de este mes la niña cumplirá 3 años;

→ El 6 de este mes _____

4. El AVE para Sevilla saldrá al mediodía;

→ A las 8 de la mañana _____

IV. 주어진 구문을 사용하여 미래형의 문장을 만드시오.

---

A : ¿Qué harás estas vacaciones?

B : (viajar a China, estudiar un poco de chino)

→ Viajaré a China y estudiaré un poco de chino.

---

1. A : ¿Qué harás tú mañana?

B : (salir para la oficina temprano, volver tarde)

2.  A : ¿Cómo vendrás mañana a la escuela?

    B : (andar 10 minutos, llegar a la parada de autobús, tomar el autobús 51)

3.  A : Vamos a salir esta noche.

    B : (tomar cerveza, ir a una discoteca, divertirnos)

4.  A : ¿Qué haremos en Madrid?

    B : (visitar museos, pasear por las calles antiguas, tener un tiempo maravilloso)

5.  A : ¿Qué harán tú y tus amigos el domingo?

    B : (tomar el primer tren para Barcelona, regresar el martes)


## V. 다음 문장을 스페인어로 작문하시오.

1. 이번 여름방학에 나는 스페인을 여행할 것이다.
2. 날씨가 맑다면, 내일 우리는 해변으로 갈 것이다.
3. 당신은 다음 주에 어디에 계실 건가요?
4. 저 젊은이는 몇 살일까요?
5. 걱정하지 마. 내일이면 모든 일이 해결되어 있을 거야.
6. 우리는 내일 아침 과달라하라로 가는 첫 기차를 탈 것이다.
7. 너희들은 내일 아침 일찍 일어나지 못할 거야.
8. 깐꾼발 비행기가 도착했을까?
9. 어머니는 어제 돌아오셨지만 아버지는 내일 오실 것이다.
10. 2개월 후에 내 딸은 세 살이 될 것이다.

**메스끼따** 알 안달루스의 수도로 한때 바그다드에 버금가는 번영을 누렸던 스페인 남부의 도시 꼬르도바에 위치한 이슬람 대사원. 후기 우마이야 왕조를 세운 아브드 알라흐만 1세가 785년에 건설하기 시작하였으며, 그 뒤 세 차례의 확장공사를 거쳐 987년에 2만 5천여 명의 신자를 한꺼번에 수용할 수 있는 남북 180m, 동서 130m의 웅장한 규모로 완성하였다. 까를로스 5세 때 사원 중앙에 르네상스 양식의 예배당을 무리하게 지었기 때문에 그리스도교와 이슬람교가 동거하는 사원이 되었다.

# ¿Podría darme un consejo?

**똘레도 전경** 마드리드에서 남쪽으로 약 70km 떨어져 있는 중세 스페인의 수도. 그리스도교, 이슬람교, 유대교 문화가 절묘하게 융합되어 있으며 아직도 중세의 모습이 많이 남아 있다. 프랑스 고딕 양식을 기조로 한 대성당은 스페인의 수석 대교구 성당답게 수많은 종교 예술품이 소장된 방대한 규모를 자랑한다. 또 스페인의 대표적 화가인 엘 그레꼬가 40년 가끼이 미물며 〈오르가스 백직의 장례〉를 비롯한 수많은 걸작을 남겨 흔히 '엘 그레꼬의 도시'로도 불린다.

Este junio va a ser un mes especial para Minsu, primo de Insu. Después de pasar seis años en la escuela secundaria, finalmente va a graduarse. Minsu es un muchacho coreano emigrado, de poco talento pero con mucha ambición. Sabe que tiene que encontrar trabajo lo antes posible. Por ello, va a la oficina de empleo de la escuela a pedir ayuda.

Consejera : ¿Qué tal, Minsu? Al fin te gradúas.

Minsu : Sí, profesora. Por eso estoy aquí. ¿Podría darme un consejo? Necesito encontrar un empleo.

Consejera : Bien. ¿Qué clase de trabajo deseas?

Minsu : Pues, un puesto con buen sueldo. Quiero ganar mucho dinero; deseo ser rico.

Consejera : Entonces, debes ir a la universidad para estudiar más. Y luego, tienes que buscar una profesión como médico o abogado.

Minsu : No, eso es mucho trabajo. Quiero un empleo fácil. Así podría descansar y no hacer nada. Quiero viajar por el mundo y ver a la gente de otros países.

Consejera : Entonces, ¿por qué no estudias para ser piloto? Así ganarías un buen sueldo y podrías viajar también.

Minsu : Pero tendría que adaptarme a los vuelos porque tengo fobia a las grandes alturas.

Consejera : Con un poco de práctica iría disminuyendo y ya no tendrías miedo.

Minsu : Creo que seguiré su consejo y seré piloto. Así todo me irá mejor.

Consejera : Para ser piloto, tienes que ingresar a la Academia de la Fuerza Aérea.

**Minsu :** ¿Cómo? ¿Tengo que ser militar?

**Consejera :** Pues, para hacer realidad tu sueño de ser piloto, no hay otro remedio.

**Minsu :** Hoy he aprendido que nada en el mundo se logra sin esfuerzo. ¡Ah, profesora, el mundo es cruel! ¡Pobre de mí!

**띠띠까까 호수** 안데스 산맥의 페루와 볼리비아의 접경지에 위치한 남아메리카 최대의 담수호. 해발 3,812m에 위치한 세계에서 가장 높은 곳에 있는 호수로, 여기에 거주하는 우로스족은 갈대로 인공섬을 만들어 살고 있다. 볼리비아에 속해 있는 태양의 섬은 잉까의 초대 황제 망꼬 까빡과 누이동생이자 아내인 마마 오끄요기 강림했디는 전설이 깃들이 있는 곳이다.

# Esquema gramatical

## 1. 가능법 불완료형 (Condicional)

### ① 규칙동사

|  | -AR | -ER | -IR |
| --- | --- | --- | --- |
| yo | hablar-ía | comer-ía | vivir-ía |
| tú | hablar-ías | comer-ías | vivir-ías |
| él / ella / usted | hablar-ía | comer-ía | vivir-ía |
| nosotros(as) | hablar-íamos | comer-íamos | vivir-íamos |
| vosotros(as) | hablar-íais | comer-íais | vivir-íais |
| ellos / ellas / ustedes | hablar-ían | comer-ían | vivir-ían |

### ② 불규칙 동사

| 어미모음-e-탈락형 | 어간자음-d-삽입형 | 음절탈락형 |
| --- | --- | --- |
| caber - cabría | poner - pondría | |
| haber - habría | venir - vendría | hacer - haría |
| poder - podría | tener - tendría | decir - diría |
| querer - querría | salir - saldría | |
| saber - sabría | valer - valdría | |

### ③ 용법

i) 과거와 관련한 미래 표시

A : ¿Qué dijeron Julia y Antonio?

B : Dijeron que pasarían sus vacaciones en Italia.


A : ¿Te dijeron cuánto costaría el viaje?

B : No, pero me dijeron que no costaría mucho.

A : ¿Qué te dijo María?

B : Me dijo que vendría el lunes.


A : ¿Por qué no estabas en casa?

B : Porque creía que volverías más tarde.


## ii) 과거의 추측

A : ¿Con quién saldría Paloma entonces?

B : Saldría con Jesús.


A : ¿Qué hora sería cuando salió?

B : Serían las tres y media.


## iii) 정중한 표현

A : ¿Qué querrían pedir?

B : Nos gustaría pedir un plato combinado.


A : ¿Podría traernos más pan, por favor?

B : Sí, ahora mismo.


A : ¿Te gustaría ir a ver una exposición de Goya?

B : Sí, me encantaría.


A : ¿Te importaría abrir la ventana?

B : Claro que no.

Tendrías que hacerlo.

Debería usted traer sus documentos para solicitar el permiso de trabajo.

iv) 가능성 (~할 텐데)

A : Voy a abrir una cuenta en el banco central.

B : Yo no pondría mi dinero en ese banco.

A : Voy a comprar una moto.

B : Yo que tú, no lo haría. Compraría un coche.

A : Me gustaría ir a Grecia.

B : A mí me gustaría ir a Italia.

## 2. 가능법 완료형 (Condicional perfecto)

① 동사변화: haber(가능법)＋과거분사

| | | -AR | -ER | -IR |
|---|---|---|---|---|
| yo | habría | | | |
| tú | habrías | | | |
| él / ella / usted | habría | | | |
| nosotros(as) | habríamos | hablado | comido | vivido |
| vosotros(as) | habríais | | | |
| ellos / ellas / ustedes | habrían | | | |

② 용법

i) 과거 시점에서의 미래완료

Dijeron que para mayo habrían terminado la construcción del  metro.

Juan dijo que para fines de este año habría terminado su tesis.

A : ¿Se habrán graduado ya María y Pedro?

B : No lo sé. Dijeron que en dos años habrían terminado.

ii) 과거의 행위나 상태가 완료되었으리라고 추측할 때

¿Ya habría llegado el tren cuando llegaron a la estación?

## 3. 부정어(否定語)

| 품사 | 긍정문 | 부정문 |
|---|---|---|
| 명사: 사물 | algo | nada |
| 명사: 사람 | alguien | nadie |
| 명사/형용사: 사물, 사람 | alguno(a) / algún | ninguno(a) / ningún |
| | algunos(as) | |
| 접속사 | (o)..o, (y)... y | (ni)... ni |
| 부사 | siempre | nunca / jamás |
| | alguna vez | ninguna vez |
| | también | tampoco |

A : ¿Hay algo interesante en aquel museo?

B : No, no hay nada interesante.

A : ¿Hay alguien en casa?

B : No, creo que no hay nadie.

A : ¿Hay algún mercado o alguna tienda cerca de aquí?

B : No, no hay ningún mercado ni ninguna tienda.


A : ¿Hay algunos lugares de interés en este pueblo?

B : No, no hay ninguno.


A : ¿Vas siempre a la playa?

B : No, no voy nunca. No me gusta.


A : ¿Has estado alguna vez en Suiza?

B : No, no he estado nunca.


A : ¿Queréis venir también?

B : No, Juan no quiere ir, ni yo tampoco.


A : ¿Qué quieres, vino o champán?

B : Yo no bebo vino ni champán.


No me interesa ninguno de esos libros.

Yo quiero salir, pero algunos prefieren quedarse en casa.

---

no＋동사＋nada / nadie / nunca / jamás / tampoco

nada / nadie / nunca / jamás / tampoco＋동사

---

No me quiere nadie. / Nadie me quiere.

No me importa nada. / Nada me importa.

No ha venido ningún amigo mío.

Ningún chico ha venido.


No he estado nunca en España.

Nunca volveré a verte.


Sara no vino tampoco. / Tampoco vino Sara.

No ha venido ni tampoco ha llamado por teléfono.

'해방자' **시몬 볼리바르** 산 마르띤과 더불어 가장 추앙받는 라틴아메리카 독립 영웅의 한 사람. 콜롬비아, 에콰도르, 베네수엘라를 스페인으로부터 독립시키고 3국을 통합하여 대콜롬비아공화국을 수립하였다. 라틴아메리카 전체를 아우르는 거대한 통합 국가를 꿈꾸었던 그의 야망은 각 국가간의 대립, 미국과 영국의 분열 책략으로 좌절되어, 결국 20여 개 국가로 쪼개지고 말았다. 사진은 까라까스에 있는 그의 동상. '21세기의 새로운 사회주의'를 표방하는 베네수엘라의 우고 차베스 대통령은 그를 정치적 우상으로 받들고 있다.

## Ejercicios

**I.** 보기와 같이 주어진 문장을 가능법을 사용하여 정중한 표현으로 바꾸시오.

> ¿Puedo hablar con José? → ¿Podría hablar con José?

1. ¿Quieres ir al teatro esta noche?
2. ¿Prefieres sentarte en esta silla?
3. ¿Le importa dejar de fumar?
4. ¿Me acompañarás al concierto?
5. ¿Puede traerme una botella de agua mineral?
6. ¿Puedes dejarme tu computadora portátil?
7. Tenemos que cancelar el compromiso.
8. Debes ponerte el abrigo.
9. ¿Te gusta ir a bailar conmigo?
10. ¿Quiere decirme su nombre y su dirección?

**II.** 주절 동사를 부정과거나 불완료과거로 바꾸어 전체 문장을 완성하시오.

> Dice que vendrán mañana.
>
> → Dijo que vendrían al día siguiente.

1. Ya sabemos que volverá a las once.
2. Dice que se casará con Pedro.
3. Está seguro de que aprobaremos las oposiciones.
4. Antonio promete que querrá a su novia por toda su vida.
5. Se anuncia que lloverá toda la tarde.
6. Pienso que Pilar llegará tarde a la cita.
7. Dice que aprenderá a tocar la guitarra.

**III.** 다음 대화를 읽고 빈칸에 적당한 가능법 동사를 넣으시오.

1. **A** : Buenas tardes. Me _____ (gustar) reservar una habitación para
   este fin de semana.

   **B** : ¿_____ (querer) usted una habitación doble?

   **A** : Sí, eso es. ¿_____ (poder) poner flores en la habitación?

   **B** : Sí, señor. ¿_____ (desear) también una botella de champán?

   **A** : Sí, estupendo.

   **B** : ¿Señor, _____ (ser) tan amable de decirme su nombre?

2. **A** : ¿Qué _____ (desear, usted) tomar?

   **B** : _____ (querer, yo) pollo con patatas fritas.

   **A** : ¿Le _____ (gustar) tomar una copa de vino?

   **B** : Sí, muy bien. ¿_____ (poder, usted) traer una botella de agua
   mineral con gas, por favor?

   **A** : Sí, ahora mismo se la traigo. ¿Qué más _____ (querer, usted)?

   **B** : Nada más. Gracias.

**IV.** 다음과 같이 질문에 부정문으로 대답하시오.

> ¿Necesita algo? → No, no necesito nada.

1. ¿Hay alguien aquí?
2. ¿Tenemos alguna tarea hoy?
3. ¿Estudias siempre por la noche?
4. ¿Viene Juan o Ana?
5. ¿Quieres café o té?

6. ¿Hay algún museo famoso en esta ciudad?

7. ¿Tienes algún amigo extranjero?

8. Tu amigo no va a la excursión. ¿Y tú?

9. ¿Ustedes van a ver partidos de fútbol algunas veces?

## V. 다음 문장을 스페인어로 작문하시오.

1. 빠블로는 컴퓨터를 살 것이라고 말했다.

2. 물 한잔 좀 가져다주실 수 있으세요?

3. 아무도 어제 무슨 일이 일어났는지 모른다.

4. 나는 그가 집으로 가는 기차를 이미 탔을 것으로 생각했다.

5. 약 500명의 사람들이 그 파티에 참석했었을 것이다.

6. 그녀는 화요일까지 꼭 돌아 올 것이라고 약속했다.

7. 죄송합니다만, 이름과 전화번호를 말씀해주시겠어요?

8. 우리 이번 주말에 스키 타러 갈래요?

9. 나는 이탈리아 식당에서 식사를 했으면 좋겠는데.

10. 그는 나에게 대학에서 경제학을 공부할 것이라고 말했다.

**마나우스의 오페라 하우스** 브라질 북서부 아마존의 유서 깊은 도시 마나우스의 명물. 황금 돔을 얹은 화려한 외양과 웅장한 규모는 19세기 말 '열대황금' 고무 채취 산업으로 이 도시가 누렸던 엄청난 번영을 말해준다.

Lección

# 19

## Mis planes del futuro

〈게르니까〉 스페인내전 중인 1937년 프랑꼬를 지원하는 나치 독일 공군이 바스크 지방의 작은 도시 게르니까를 무차별 폭격한 것에 격분하여 삐까소가 그린 대작으로 마드리드에 소재한 국립 소피아 왕비 예술센터에 소장되어 있다. 극적인 구도와 교묘하고 치밀한 흑백의 대비효과에 의해 죽음의 테마를 응축시켜 20세기의 기념비적 회화로 평가된다.

Los cuatro chicos regresaron felizmente a Corea; sin embargo, todos añoran los días que pasaron viajando. Fueron inolvidables y esperan que sus amigos también hayan disfrutado de igual manera. Chanjo desea volver a España para estudiar y quiere que su amigo Juan le explique cómo entrar a la Universidad Autónoma de Madrid, ya que Juan estudia allí. Con ese fin, le envía esta carta.

Seúl, 19 de agosto de 2005

Querido amigo Juan:

Es una enorme alegría poder comunicarme contigo. Mi regreso fue tan repentino que no pude despedirme bien de ti. Te ruego que me perdones. Ahora que estoy de regreso en mi país, recuerdo con emoción todo lo que conocimos y no creo que sea fácil vivir de nuevo una experiencia como ésa.

Te considero mi amigo y por eso es necesario que te hable de una inquietud que no me deja en paz. Quiero que me aconsejes. Siempre tuve el sueño de ser hispanista y, después de mi visita a tu hermoso país, mis padres quieren que yo vaya a estudiar a España. ¿Crees que puedo ingresar a la Universidad Autónoma de Madrid? Todos mis compañeros me aconsejan que espere un poco más, pero ¿tú qué piensas?

Espero que vengas en las vacaciones de invierno, y que entonces hablemos más sobre este asunto, pero antes, hazme saber tu parecer. También quiero pedirte por favor que me digas los requisitos necesarios para ingresar al curso universitario. Como ahora estoy en el tercer año de licenciatura, temo que haya poco tiempo para la convalidación de mis estudios.

Es una pena que estemos tan lejos, pero recibe un abrazo sincero. Recuerdos de mi parte a tu madre (espero que haya mejorado su salud), a tus hermanos y a todos los amigos.

Afectuosamente, Chanjo

**스페인어 권 나라들의 다양한 먹거리** 왼쪽부터 스페인의 초리소(다진 돼지고기, 소금, 빨간 피망 다진 것을 내장에 채워서 만든 소시지), 페루의 세비체(잉까시대부터 전해져 내려온 전통 음식으로 생선, 라임, 할리피뇨, 각종 야채를 주원료로 함)와 꾸이요리(꾸이는 모르모트 과의 설치류 동물인 '기니피그'를 말하며 원산지인 페루에서는 흔히 식용으로 사육함), 멕시코의 따꼬(밀가루나 옥수수가루로 만든 또르띠야에 쇠고기·돼지고기·닭고기·소시지·토마토·양배추·양피·치즈 등을 넣어시 먹는 멕시고의 진통요리).

# Esquema gramatical

## 1. 접속법 현재 (Presente de subjuntivo)

① 규칙동사

|  | -AR hablar | -ER comer | -IR vivir |
|---|---|---|---|
| yo | habl-e | com-a | viv-a |
| tú | habl-es | com-as | viv-as |
| él / ella / usted | habl-e | com-a | viv-a |
| nosotros(as) | habl-emos | com-amos | viv-amos |
| vosotros(as) | habl-éis | com-áis | viv-áis |
| ellos / ellas / ustedes | habl-en | com-an | viv-an |

✻ 철자에 유의할 동사변화

|  | explicar | llegar | empezar |
|---|---|---|---|
| yo | expliqu-e | llegu-e | empiec-e |
| tú | expliqu-es | llegu-es | empiec-es |
| él / ella / usted | expliqu-e | llegu-e | empiec-e |
| nosotros(as) | expliqu-emos | llegu-emos | empec-emos |
| vosotros(as) | expliqu-éis | llegu-éis | empec-éis |
| ellos / ellas / ustedes | expliqu-en | llegu-en | empiec-en |

② 불규칙 동사

i) 부분 불규칙: 직설법 현재 1인칭 단수에서의 불규칙형 어간이 접속법 현재
   의 기본 어간 구성

hacer("yo hago"): haga, hagas, haga, hagamos, hagáis, hagan

conocer("yo conozco"): conozca, conozcas, conozca, conozcamos,

conozcáis, conozcan

coger ("yo cojo"): coja, cojas, coja, cojamos, cojáis, cojan

pedir ("yo pido"): pida, pidas, pida, pidamos, pidáis, pidan

seguir ("yo sigo"): siga, sigas, siga, sigamos, sigáis, sigan

ii) 직설법 1인칭 단수와 같은 어간을 가지나 1인칭 복수와 2인칭 복수에서는
어간 모음 교체를 보이는 경우

| cerrar | volver | mentir | morir |
|--------|--------|--------|-------|
| cierre | vuelva | mienta | muera |
| cierres | vuelvas | mientas | mueras |
| cierre | vuelva | mienta | muera |
| cerremos | volvamos | mintamos | muramos |
| cerréis | volváis | mintáis | muráis |
| cierren | vuelvan | mientan | mueran |
| comenzar | contar | | |
| pensar | encontrar | sentir | dormir |
| perder | poder | | jugar |

iii) 완전 불규칙

| dar | estar | haber | ser | saber | ir |
|-----|-------|-------|-----|-------|-----|
| dé | esté | haya | sea | sepa | vaya |
| des | estés | hayas | seas | sepas | vayas |
| dé | esté | haya | sea | sepa | vaya |
| demos | estemos | hayamos | seamos | sepamos | vayamos |
| deis | estéis | hayáis | seáis | sepáis | vayáis |
| den | estén | hayan | sean | sepan | vayan |

## 2. 접속법의 용법

직설법이 실제 일어난 특정한 사건을 기술하는 반면, 접속법은 실제 일어나지 않은 사건, 또는 화자의 논평이나 주관적 판단의 대상이 되는 사건을 기술한다.

❋ **명사절에 쓰이는 접속법**

> 주절 동사(직설법) + que + 종속절 동사(접속법)

① 종속절에 영향을 미치는 동사 (verbos de influencia): 주절동사가 화자의 희망, 요구, 충고, 명령, 허가, 금지 등을 표현

| querer, esperar, desear, preferir  pedir, rogar, aconsejar, mandar, ordenar, prohibir, decir | que + 접속법 |
|---|---|

A : ¿Qué quieres hacer hoy?

B : Quiero ir de compras, pero mis padres quieren que vaya al mercado con ellos.


A : Espero verte pronto.

B : Yo también espero que vengas pronto.


Le pido que venga. ( = Le pido venir.)

Me aconseja que venga temprano. ( = Me aconseja venir temprano.)

Le prohibo que hable en voz alta. ( = Le prohibo hablar en voz alta.)

Te ruego que me perdones. ( = Te ruego perdonarme.)

② 감정, 심리를 나타내는 동사 (verbos de sentimiento)

| gustar, encantar, divertir, lamentar, sentir, temer | que + 접속법 |
|---|---|

Me alegro mucho de que Juan pueda venir.

    cf. Me alegro mucho de verte.

Siento mucho que me digas eso.

    cf. Siento tener que decirte esto.

Temo que mis notas no sean buenas.

    cf. Temo haber cometido un error en el examen.

③ 무인칭 구문 (impersonales): 가치판단이나 감정을 나타내는 형용사가 올 경우

| Es | preciso, necesario, mejor, importante, (im)posible, (im)probable, dudoso | que + 접속법 |
|---|---|---|

Es preciso que vengas mañana.

Es mejor que ustedes tomen el examen en seguida.

Es necesario que te matricules hoy mismo.

Es posible que pronto tengamos un examen.

| Es | una lástima, una pena, lamentable | que + 접속법 |
|---|---|---|

Es una lástima que Juan pierda el partido.

Es una pena que Juan no esté de acuerdo contigo.

Es lamentable que no encuentres un buen trabajo.

④ 주절의 술어가 불확실성, 의심, 부정 등을 표현하는 경우

Felipe ha dicho que hay crisis política.

   → Felipe no ha dicho que haya crisis política.

Creo que viene hoy.

   → No creo que venga hoy. / ¿Crees que venga hoy?

Es verdad(cierto / seguro / evidente / claro) que tiene novia.

   → No es verdad(cierto / seguro / evidente / claro) que tenga novia.

Dudo que sea necesario llamar a la policía.

   cf. No dudo que la policía vendrá en seguida.

## 3. 접속법 현재완료 (Pretérito perfecto de subjuntivo)

| | | -AR | -ER | -IR |
|---|---|---|---|---|
| yo | haya | | | |
| tú | hayas | | | |
| él / ella / usted | haya | | | |
| nosotros(as) | hayamos | hablado | comido | vivido |
| vosotros(as) | hayáis | | | |
| ellos / ellas / ustedes | hayan | | | |

Me alegro mucho de que hayas venido.

Dudo que Carmen haya perdido peso.

Espero que hayas terminado el trabajo.

## Ejercicios

**I.** 괄호 안의 동사를 동사원형 또는 "que + 접속법 동사" 형으로 바꾸시오.

1. Es difícil (conseguir, tú) _____ el premio Nobel.

2. Me extraña (marcharse, Juan) _____ sin decir adiós.

3. El portero no nos deja (entrar) _____ en el estadio.

4. Te exijo (decirme, tú) _____ la verdad.

5. Sus padres se oponen a (venir, Paco) _____ con ellos.

6. Me encanta (viajar, yo) _____ en tren.

7. Le ordeno (salir, él) _____ de aquí ahora mismo.

8. Espero (quererme, tú) _____ como antes.

9. No creo (estar, vosotros) _____ bien.

10. Pedro quiere (ir, tú) _____ a México.

**II.** 다음 예문과 같이 문장을 바꾸어 쓰시오.

> Quiero ir a recoger a nuestros amigos. Quiero que tú ...
>
> → Quiero que tú vayas a recoger a nuestros amigos.

1. Queremos comprar los boletos del tren. Queremos que ustedes ...

2. Necesito reservar un asiento. Necesito que tú ...

3. Ella desea ir a la estación del tren. Ella desea que nosotros ...

4. Usted quiere tomar el AVE. Usted quiere que ellos ...

5. Espero llegar a tiempo. Espero que mis padres ...

6. Javier quiere ir a buscar a su hija. Javier quiere que su mujer ...

7. Ella quiere conseguir un horario del tren. Ella quiere que yo ...

8. Quiero sacar los billetes. Quiero que tú ...

**III.** 접속법 현재나 현재완료를 사용하여 다음 문장을 완성하시오.

1. Es verdad que ella ha terminado su carrera.

   No es verdad que ella _____ .

2. Creo que ellos vienen hoy.

   No creo que ellos _____.

3. Es seguro que vamos mañana a la montaña.

   No es seguro que _____.

4. No dudo que Enrique gana la lotería.

   Dudo que Enrique _____.

5. Es cierto que ella toca el piano.

   No es cierto que ella _____.

6. Es evidente que lo has hecho sólo por mí.

   No es evidente que _____.

7. Estoy seguro de que nieva mañana.

   No estoy seguro de que _____.

**IV.** 다음의 단어들을 사용하여 완전한 하나의 문장으로 만드시오.

1. Yo / esperar / tú / comprar / un tocadiscos.

   _____

2. Ellas / desear / nosotros / terminar / el proyecto.

   _____

3. El profesor / insistir en / los alumnos / cantar.

   _____

4. María / mandar / el hijo / arreglar / el dormitorio.

   _____

5. Nosotros / preferir / ellos / irse / hoy.

_____

**V.** **다음 문장을 스페인어로 작문하시오.**

1. 나는 네가 고향으로 돌아가기를 원한다.
2. 나는 그에게 담배를 피우지 말라고 충고한다.
3. 네가 여기에 빨리 오는 것이 필요하다.
4. 마리아가 감기에 걸렸다니 유감이다.
5. 네가 이제 나를 잊어 주기를 바란다.
6. 그녀가 그 문제를 해결하지 못했을까봐 걱정된다.
7. 네가 고향에 돌아와서 기쁘구나.
8. 후안이 아나와 결혼한 것은 사실이지만 그녀를 진정 사랑할지는 의심스럽다.
9. 나는 세상의 모든 사람들이 착하다고는 믿지 않는다.
10. 나는 너희들이 집을 떠나기를 바란다.

**체 게바라** 본명은 '에르네스또 게바라 델 라 세르나' 였지만 민중 속으로 파고들겠다는 의지를 드러내고자 '에르네스또 체 게바라' 로 개명했다. '체(Che)' 는 아르헨티나식 스페인어로 '어이, 친구' 정도의 의미를 지니고 있다. 사진은 아바나의 혁명광장 옆에 위치한 내무부 건물의 벽면을 장식하고 있는 체 게바라의 모습.

**올메까 두상** 중앙아메리카에서 가장 오래된 올메까 문명을 대표하는, 현무암으로 만든 거인의 두상으로 높이가 2.8m에 이른다. BC 1200~200년경까지 존재했던 것으로 추정되는 올메까 문명은 마야 문명에 커다란 영향을 끼쳤다.

# A quien
# corresponda

**황금탑** 13세기 초에 이슬람교도에 의해 세워진 정12각형의 건축물로 세비야의 과달끼비르 강 하구에 위치해 있다. 콜럼버스도 신대륙 발견을 위해 이곳에서 항해 길에 올랐다고 한다. 원래는 적의 침입을 감시하기 위한 망루였으며, 옛날에는 탑의 상부가 황금색 도기로 뒤덮여 있었기 때문에 황금탑이라는 이름이 붙여졌다.

El padre de Juan, el amigo de Chanjo, trabaja en Santiago de Chile, pero es necesario que renuncie a su trabajo y que vuelva a Madrid con su familia. La madre de Juan se encuentra enferma y todos esperan que él regrese pronto. El jefe del Sr. Álvarez le escribe esta carta de recomendación, como agradecimiento, en la que valora su capacidad.

A quien corresponda:

Tengo el gusto de presentar al Sr. Fermín Álvarez Poncela, a quien conozco desde hace quince años como empleado para la firma Viña Concha y Toro S.A. El Sr. Álvarez trabaja en el departamento de ventas, y de él depende que funcione con rapidez y exactitud todo lo relacionado con facturas y embarques de los pedidos. Es importante señalar que no hay quien pueda igualar su eficiencia y organización.

Su excelente trabajo ha logrado que nuestros clientes se sientan muy satisfechos. Y no es sorprendente que el Sr. Álvarez haya podido, incluso, recibir elogios por escrito de nuestros clientes, gracias a su labor en el departamento de ventas.

Por otra parte, el Sr. Álvarez se ha ganado el respeto de todos los que trabajan con él y sobra quien hable de su recta personalidad y de su honestidad en los negocios. Aunque el trabajo lo agobie, siempre tiene una sonrisa y una palabra amable para todos.

Lamento que el Sr. Álvarez no pueda seguir laborando con nosotros y que haya tenido que presentar su renuncia, que será efectiva a partir del quince de septiembre del año en curso, por tener que trasladar su residencia a la ciudad de Madrid donde vive su familia.

Deseo sinceramente que se valoren sus capacidades y si el Sr. Álvarez quiere volver a trabajar con nuestra firma, no dudaré en emplearlo de nuevo.

Atentamente,

Santiago de Chile, 14 de septiembre de 2008

Ignacio Arellano Bustamante

Gerente general

Viña Concha y Toro S.A.

**태양의 피라미드** 멕시코시티에서 북동쪽으로 52km 떨어진 떼오띠우아깐에 있는 피라미드. 하단부의 길이가 225m이고 높이가 65m에 달하는 중앙아메리카 최대 규모를 자랑하며, 아스떼까 이전의 것으로 400~800년경에 축조되었다고 알려져 있다

# Esquema gramatical

## 1. 관계절(형용사절)에 쓰이는 접속법

수식 받는 명사(선행사)의 존재 여부가 확인되지 않은 경우, 또는 그 지칭 대상이 정해지지 않은 경우에 접속법이 사용된다.

**A** : Busco una persona que hable inglés, francés y español.

**B** : No hay nadie aquí que sepa hablar esas tres lenguas.

Necesito alguien que cuide a mis niños.

Mi amiga quiere casarse con un hombre que sea rico, guapo
e inteligente ; un hombre que no existe.

## 2. 부사절에 쓰이는 접속법

시간, 양보, 목적 등을 나타내는 부사절을 수반한 복문에서, 동사가 미래나 명령형처럼 실현되지 않은 행위를 표현할 때 접속법이 사용된다.

① 시간절

| | |
|---|---|
| a que<br>antes de que | 접속법 |
| hasta que<br>cuando<br>después de que<br>en cuanto<br>tan pronto como | 접속법 / 직설법 |

Los niños esperan a que su madre les haga la maleta.

Nos veremos antes de que te marches.


Hasta que vuelvas no nos acostaremos.

Hasta que volviste no nos acostamos.


Llámame cuando llegues al aeropuerto.

Me llamó cuando llegó al aeropuerto.


Entraremos en casa después de que nuestros padres salgan.

Entramos en casa después de que nuestros padres salieron.


En cuanto llegue, me daré una ducha.

En cuanto llegó, se fue a dormir.

El doctor le llamará tan pronto como sepa el resultado del análisis.


② 양보절

| aunque | 접속법 / 직설법 |
|---|---|
| por mucho / poco que<br>por muy 형용사 / 부사 que | 접속법 |


Aunque Susana trabaje mucho, ganará poco dinero.

Aunque Susana trabaja mucho, gana poco dinero.


Por mucho que comas, no engordarás.

Por muy lejos que te vayas, te encontraré.

③ 목적절

| para que | 접속법 |
|---|---|

Te envío una postal para que te acuerdes de mí.

Voy a llamar a Carlos para que me traiga los documentos.

## 3. 독립문에 쓰이는 접속법: 가능성

| quizá(s) | 직설법 / 접속법 |
|---|---|
| tal vez | |
| probablemente | |
| posiblemente | |
| a lo mejor | 직설법 |

A : ¿Cuánto tiempo os quedaréis en Toledo?

B : Quizás nos quedamos (quedemos) una semana o más.

A : ¿Vivirán sus padres aquí?

B : Tal vez viven (vivan) aquí.

A : ¿Adónde habrán ido mis amigos?

B : Probablemente hayan (habrán/han) ido al cine.

A : ¿Vendrá con su novia Juan?

B : Posiblemente venga (vendrá/viene) solo.

A : ¿Cuántos años tendrá Antonio?

B : A lo mejor tiene veinte años.

**나스까 문양** 페루의 나스까 시에 남아 있는, 세계 7대 불가사의로 꼽히는 지상 그림. 10m부터 커다란 것은 300m에 이를 정도로 거대한 크기이며 그 수효는 약 200개를 헤아린다. 광대한 평원에 그려진 그림들은 직선 · 삼각형의 도형과 동물 · 물고기 · 곤충 · 식물 등을 형상화하고 있으며, 1세기부터 8세기 무렵까지 페루의 사막지대에 꽃피었던 나스까 문명의 산물이다.

# Ejercicios

**I.** 다음의 예문과 같이 문장을 다시 만드시오.

> Te he traído un disco. escuchar
>
> → Te he traído un disco para que lo escuches.

1. Te he traído unos cuentos. leer

2. Le he regalado un bañador a José. ir a la playa.

3. Te he comprado un bolígrafo. escribir

4. Os he traído unas fotografías. ver

5. Le he dado una corbata a José. ponerse

6. Le he dado un paquete de cigarrillos. fumar

7. Os he traído unos bocadillos. comer

8. Me han comprado una pelota. jugar

**II.** 예문에서처럼 괄호 안의 동사를 접속법 현재시제로 고치고 문장을 해석하시오.

> Aunque _____ (yo, tener) que esperar un poco, insistiré.
>
> → tenga / 내가 조금 기다려야할지라도, 괜찮다.

1. Aunque _____ (hacer) frío, saldremos al campo.

2. Aunque _____ (costar) mucho, compraremos un Ferrari.

3. Aunque lo _____ (ellos, torturar), no revelará el nombre de los cómplices.

4. No los recibiremos aunque _____ (ellos, insistir).

5. Aunque le _____ (ellos, ofrecer) la presidencia, la rehusará.

6. Aunque no _____ (vosotros, tener) fiebre, no os levantaréis de la cama.

7. Aunque el equipo local _____ (ganar) este partido, no ganará la Copa.

8. Tenéis que trabajar aunque no os _____ (apetecer)

III. 예문과 같이 바꾸시오.

> Si llueve, cierra la ventana.
>
> → Cuando llueva, cierra la ventana.

1. Si estás en Madrid, llama a José. → Cuando …

2. Si sales, llévate la basura. → Cuando …

3. Si hace sol, no me quedaré en casa. → Cuando …

4. Si reparan el coche, partiremos. → Tan pronto como …

5. Si nieva, te veré en ese restaurante. → Cuando …

6. Si regresa Isabel, haremos una fiesta. → En cuanto …

IV. 다음 예문과 같이 물음에 답하시오.

> A : ¿Me ayudarás si te pago bastante?
>
> B : Aunque me pagues bastante no te ayudaré.

1. ¿Irás al campo si hace buen tiempo?

2. ¿Dejarás de fumar si te encuentras mal?

3. ¿Volverán a su país si estalla la guerra?

4. ¿Veréis la televisión si tenéis tiempo?

5. ¿Saldrás ahora si te lo pido?

**V.** 다음 문장을 스페인어로 작문하시오.

1. 시간이 나면 여행하고 싶다.

2. 이 여자는 아마 후안의 동생일 거야.

3. 우리 회사는 컴퓨터를 다룰 줄 아는 사람을 찾고 있다.

4. 내 친구 까따리나만큼 요리를 잘 할 수 있는 사람은 아무도 없다.

5. 네가 이 집에서 나갈 때까지 남아 있겠다.

6. 너희들이 이해하도록 좀 더 설명해 주겠다.

7. 그들이 한국으로 떠나기 전에 초대하자.

8. 네가 아무리 부자라도 결코 행복해질 수 없을 거야.

9. 비행기가 이륙할 때까지 우리는 공항에 있겠다.

10. 역에 도착하자마자 나한테 전화하라고 그에게 말해라.

**AVE** Alta Velocidad Española의 약어로 스페인의 고속철도. 1987년에 착공하여 바르셀로나 올림픽 및 세비야 엑스포 개최에 맞춰 1992년에 개통하였다. 승객의 시간을 소중히 여겨 5분만 연착되더라도 승차권 전액을 환불하는 제도를 갖추고 있다. 첫 운행일인 1992년 4월 14일 열차가 세비야에 도착하고 있다.

# 21

## Un compañero
## tacaño

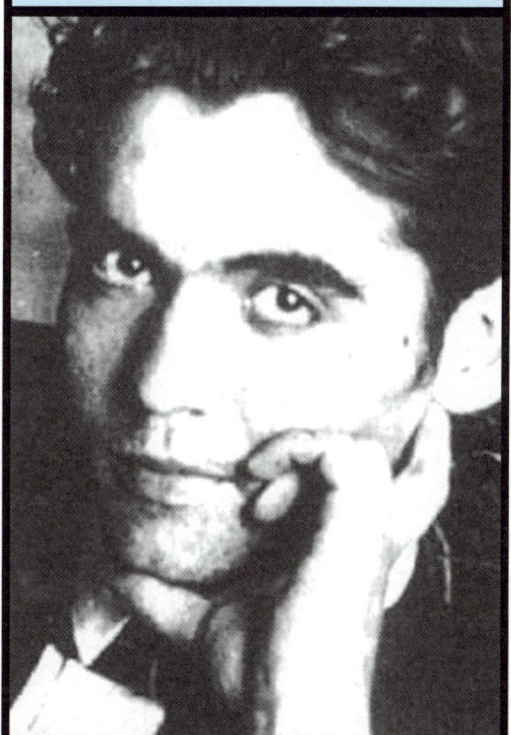

**페데리꼬 가르시아 로르까** 스페인 남부 안달루시아의 정
서를 탁월하게 문학적으로 형상화한 시인이자 극작가.
1936년 스페인내전이 발발한 며칠 뒤에 고향인 그라나다
에서 프랑꼬의 파시스트 세력에 의해 희생되었으나 그 죽
음의 배경은 의문으로 남아있다. 『집시민요집』(1928), 『피
의 결혼』(1933), 『베르나르다 알바의 집』(1936) 등의 작품
을 남겼다.

Chanjo, ya en Madrid, buscó un lugar que fuera cómodo para vivir y se instaló en un piso compartido con otros tres estudiantes de la Autónoma. Los chicos le ayudan a ambientarse en la vida madrileña. Como seres humanos, tenemos fallas, pero algunos tienen defectos imperdonables. Chanjo y Juan hablan sobre uno de sus compañeros.

Juan : ¿Cómo os fue ayer en el teatro? Hubiera querido ir con vosotros, pero salí tarde de la biblioteca.

Chanjo : Fuimos Alberto y yo solamente. Cuando supo que yo estaba estudiando a García Lorca en clase, insistió en invitarme al teatro. Yo no quisiera hablar mal de él, es un buen compañero del piso, pero...

Juan : Sí, me llamó para que fuera con vosotros, pero no pude aceptarlo, tenía mucho trabajo todavía. ¿Pero qué pasó?

Chanjo : Como ya era tarde y estaba lloviendo, le dije que tomáramos un taxi, pero no quiso y me dijo que era un lujo innecesario.

Juan : ¿A qué teatro fuisteis?

Chanjo : Me llevó al teatro "La Vega". Fuimos en autobús y luego caminando como quince minutos.

Juan : Pero si yo le dije a Alberto que te llevara al teatro "Alcázar"; "La Vega" es antiguo y está muy lejos.

Chanjo : El teatro era sucio y feo... y con mosquitos, parecía que no lo hubieran limpiado en un mes. Además, insistió en que compráramos billetes de los últimos asientos porque eran más baratos.

Juan : Había oído algo de eso sobre Alberto, ¡pero no creía que fuera tan tacaño!

Chanjo : Al regreso, yo esperaba que me invitara a tomar una caña, pero no lo hizo. ¡Y el colmo! Al llegar a la cafetería, nunca creí que pudiera decir: "Ando escaso de fondos".

Juan : ¡Parece increíble que te hiciera eso!

Chanjo : ¡Una noche de encantos!

**리우 카니발** 매년 2월 말에서 3월 초까지 리우데자네이루에서 열리는 세계적인 축제. 카니발의 핵심은 한번에 총 6만 명을 수용하는 삼보드로모에서 진행되는 삼바 퍼레이드로 그룹마다 춤을 추는 사람만 4,000명을 헤아리는 '지상 최대의 쇼'를 연출한다. 수십만 명의 관광객을 끌어 모으는 리우 카니발은 지역문화의 산업화에 성공한 대표적 사례로 꼽힌다.

# Esquema gramatical

## 1. 접속법 불완료과거 (Imperfecto de subjuntivo)

① 규칙동사: 직설법 부정과거의 3인칭 복수형 어간을 기본으로 한다.

"habla-ron" → "habla-ra" / "habla-se"

| | -AR hablar | -ER comer | -IR vivir |
|---|---|---|---|
| yo | habl-ara | com-iera | viv-iera |
| | habl-ase | com-iese | viv-iese |
| tú | habl-aras | com-ieras | viv-ieras |
| | habl-ases | com-ieses | viv-ieses |
| él / ella / usted | habl-ara | com-iera | viv-iera |
| | habl-ase | com-iese | viv-iese |
| nosotros(as) | habl-áramos | com-iéramos | viv-iéramos |
| | habl-ásemos | com-iésemos | viv-iésemos |
| vosotros(as) | habl-arais | com-ierais | viv-ierais |
| | habl-aseis | com-ieseis | viv-ieseis |
| ellos / ellas / ustedes | habl-aran | com-ieran | viv-ieran |
| | habl-asen | com-iesen | viv-iesen |

② 불규칙동사: 직설법 부정과거 3인칭 복수형에서 불규칙형 어간을 가지는 동사는 접속법 불완료과거형에서도 같은 형태의 불규칙 어간을 가진다.

| 동사 원형 | 직설법 부정과거형 ellos | 접속법 불완료과거형 yo, él, ella, usted |
|---|---|---|
| andar | anduvieron | anduviera / anduviese |
| dar | dieron | diera / diese |
| decir | dijeron | dijera / dijese |
| estar | estuvieron | estuviera / estuviese |
| haber | hubieron | hubiera / hubiese |
| hacer | hicieron | hiciera / hiciese |
| ir, ser | fueron | fuera / fuese |
| poder | pudieron | pudiera / pudiese |
| poner | pusieron | pusiera / pusiese |
| querer | quisieron | quisiera / quisiese |
| saber | supieron | supiera / supiese |

tener: tuviera, tuvieras, tuviera, tuviéramos, tuvierais, tuvieran

traer: trajera, trajeras, trajera, trajéramos, trajerais, trajeran

venir: viniera, vinieras, viniera, viniéramos, vinierais, vinieran

dormir: durmiera, durmieras, durmiera, durmiéramos, durmierais, durmieran

pedir: pidiera, pidieras, pidiera, pidiéramos, pidierais, pidieran

**발빠라이소** 태평양에 면한 남아메리카 제1의 무역항이자 안데스산맥을 넘어 아르헨티나로 통하는 대륙횡단철도의 기점. 1840년대 칠레산 밀의 수요가 증가하던 시기와 캘리포니아 골드러시 시대에 번영을 누렸지만, 그 후 파나마운하가 생기면서 급격하게 쇠퇴하였다. 시가지는 해안에 면한 구릉의 비탈면에 자리하며, 낮은 지대는 상업·오피스가(街)를 이루고 높은 지대는 주택지를 이룬다.

## 2. 접속법 과거완료 (Pretérito pluscuamperfecto)

|  |  | -AR | -ER | -IR |
|---|---|---|---|---|
| yo | hubiera<br>hubiese | | | |
| tú | hubieras<br>hubieses | | | |
| él / ella / usted | hubiera<br>hubiese | hablado | comido | vivido |
| nosotros(as) | hubiéramos<br>hubiésemos | | | |
| vosotros(as) | hubierais<br>hubieseis | | | |
| ellos / ellas / ustedes | hubieran<br>hubiesen | | | |

## 3. 용법

① 시제일치: 주절의 동사가 불완료과거, 부정과거, 가능법 등의 시제일 때에 종속절의 접속법 동사는 접속법 불완료과거나 과거완료형을 사용한다.

> V1(직설법 과거 / 가능법) + que + V2(접속법과거)

❄ **명사절**

Es necesario que Juan venda su casa muy urgentemente.

→ Era necesario que Juan vendiera su casa muy urgentemente.

Mi mamá quiere que vayamos con ella a Paraguay.

→ Mi mamá quería que fuéramos con ella a Paraguay.

Mi profesora me pedirá que termine el proyecto este año.

→ Mi profesora me pediría que terminara el proyecto este año.

Mis padres se alegran muchísimo de que yo haya regresado a Corea.

> → Mis padres se alegraron muchísimo de que yo hubiera regresado a Corea.

No creo que Juan haya podido hacer algo así.

> → No creí que Juan hubiera podido hacer algo así.

## ❋ 관계절

Busco una persona que hable francés y español.

> → Buscaba una persona que hablara francés y español.

No hay nadie aquí que sepa hablar esas dos lenguas.

> → No había nadie aquí que supiera hablar esas dos lenguas.

Necesito a alguien que cuide a mis niños.

> → Necesitaba a alguien que cuidara a mis niños.

## ❋ 부사절에서의 시제일치

El profesor espera a que salgan todos los estudiantes del aula.

> → El profesor esperó a que salieran todos los estudiantes del aula.

Pilar se despierta antes de que suene el despertador.

> → Pilar se despertó antes de que sonara el despertador.

Dejo la puerta abierta para que ella pueda entrar.

> → Dejé la puerta abierta para que ella pudiera entrar.

② 주절의 동사가 현재이지만, 종속절에서 과거시제를 지칭할 때

Es una suerte que la bomba no estallara durante el día, cuando había gente allí.

No creo que Juan dijera algo sobre la política del país.

Es una lástima que yo no pudiera asistir a la reunión de ayer.

# Ejercicios

**I.** 다음 문장을 과거시제로 바꾸시오.

1. Es preciso que usted los deje solos.

2. Tememos que ya sea demasiado tarde.

3. Le prohibo que grite en clase.

4. ¿Quién le manda a usted que lo haga hoy?

5. Es mejor que descanse usted algún tiempo.

6. No conozco a nadie que pueda hacerlo.

7. Estoy buscando un piso que tenga dos baños.

8. Se enfada con cualquiera que le llame.

9. Me encuentro con Juan dondequiera que vaya.

10. Queremos una ciudad que no esté contaminada.

**II.** 다음을 부정문으로 바꾸시오.

1. Es evidente que Pedro es tonto.

2. Era verdad que habían vendido la nueva bicicleta.

3. Parece que le ha gustado el teatro.

4. Era cierto que el huracán había destruido toda la finca.

5. Es seguro que la mujer ha mentido dos veces.

**III.** 예문과 같이 답하시오.

> Cierra la ventana. → Dijo que cerraras la ventana.

1. Descanse algún tiempo.          →

2. No conduzcas deprisa.          →

3. No gastes tanto dinero.          →

4. Deje usted de fumar.          →

5. No olvides los libros.          →

6. Escuchad la radio.          →

7. Coge ese paraguas.          →

8. Llámame a las diez.          →

9. Ponte el abrigo.          →

10. Llévame al aeropuerto.          →


## IV. 다음 문장을 스페인어로 작문하시오.

1. 그녀가 그것을 몰랐다는 것은 유감이다.

2. 나는 그에게 담배를 피우지 말라고 충고했다.

3. 네가 그 일을 하는 것이 당연했다.

4. 까를로스는 마리아가 스파이라는 것을 부인했다.

5. 나는 내 아들을 공부시킬 만한 약간의 돈이 필요했다.

6. 그들은 그에게 차를 팔지 말라고 부탁했다.

7. 나는 그에게 일찍 귀가하라고 말했다.

8. 나는 집에서 부모님을 돌봐 줄 간호사가 필요했다.

9. 후안은 그녀를 화나게 하려고 전화하지 않았다.

10. 선생님은 아무도 듣지 못하도록 나에게 작은 목소리로 말했다.

**모네다궁** 1846년 마누엘 브루네스 대통령 재임 때부터 칠레의 대통령 관저로 사용되었으며, '모네다(화폐)'라는 이름에서 알
수 있듯이 원래는 조폐국 건물이었다. 1970년 남아메리카 최초로 선거에 의한 사회주의 정권을 수립하였던 살바도르 아옌데 대
통령이 아우구스또 삐노체뜨의 군사쿠데타에 맞서 항거하다 장렬하게 최후를 맞은 역사적 현장이기도 하다.

# Si tuviera tiempo y dinero

**파나마운하**  남북아메리카 대륙의 결절점을 이루는 파나마 지협을 횡단하여 태평양과 대서양을 잇는 운하. 파나마 운하의 굴착 계획은 1529년 꼬르떼스의 건의를 받은 스페인 국왕 까를로스 1세에 의해서 구상되었으나, 숱한 시행착오를 거쳐 1914년 8월 15일 완공되었다. 이후 85년 동안 미국이 운항권을 관리해 오다가 1999년 12월 31일을 기해 파나마에 이양하였다.

Hace un año que nuestros amigos coreanos fueron a España y a varios países de Hispanoamérica. Hoy se han reunido para recordar y para saludar a Chanjo que ha venido de vacaciones junto con Juan.

Mina : Si tuviera otra oportunidad, volvería a hacer un viaje como el que hicimos hace un año.

Seri : Y yo contigo. ¡Ojalá pudiera ver a Laura de nuevo! Fue muy amable conmigo, me trató siempre como si fuera su propia hermana. ¡Y cuánto sabe de historia!

Mina : Tal vez, habrá terminado ya su carrera de antropología. Le faltaba sólo un semestre cuando nos conocimos.
¡Cuánto añoro nuestros días en México!

Insu : Me escribió mi primo Minsu; está muy contento con su carrera, y si la carta viniera de otra parte no creería que está estudiando para ser piloto. ¡La carta viene de la Academia de la Fuerza Aérea! Pero miren quiénes han llegado.

Chanjo : ¡Hola a todos! ¿Cómo estáis? ¿Me habéis echado de menos?

Mina y Seri : ¡Qué tal, Chanjo! ¡Hola, Juan! ¡Qué gusto!

Insu : ¡Otra vez todos juntos, como cuando estuvimos en España!

Juan : Llegamos anoche. El viaje fue largo pero lo sentí cortísimo, gracias a la compañía de Chanjo.

Chanjo : ¡No me digas! ¡Qué elogios! Ojalá que pueda corresponder algún día todo lo que me has ayudado.

Insu : Mi tío de Los Ángeles nos ofrece su casa. Dice que nos invita a pasar otra vez nuestras vacaciones juntos en América para que conozcamos más.

Juan : Nunca he ido por allá. Si tuviera tiempo y dinero, haría un buen viaje desde México hasta Argentina.

Mina : ¡Ojalá que tengamos la oportunidad! Sería maravilloso que, de nuevo, fuéramos todos juntos.

**삭사이와망** 꾸스꼬 주변의 요새로 잉까의 마지막 지도자 망꼬 잉까는 살육과 파괴를 견디지 못한 나머지 2만의 병사를 이끌고 이곳에서 스페인 정복자들에 저항하여 싸웠다. 이곳에서는 매년 잉까의 전통을 복원한 태양제가 열린다

# Esquema gramatical

## 1. 독립문에 쓰이는 접속법

### ① 미래의 소망, 희망, 바람

| Ojalá (que) | 접속법 현재 |
|---|---|
| Que | |

A : ¿Parará de nevar?

B : ¡Ojalá que pare de nevar!

A : ¿Tendrás vacaciones en agosto?

B : Ojalá que tenga vacaciones en agosto.

¡Que tengas mucha suerte!

¡Que tengas un buen viaje!

¡Que aproveche!

¡Que te vaya todo bien!

### ② 이루어질 가능성이 희박한 기원의 표현

| Ojalá | 접속법 과거 |
|---|---|

A : A Julio le ha tocado el mayor 'Gordo' de la historia.

B : ¡Ojalá tuviera tanta suerte como él!

A : Juan nos ha dicho que no puede venir.

B : ¡Ojalá que viniera!

A : Ya sabe todo el mundo que el doctor no dice la verdad.

B : ¡Ojalá fuera cierto lo que dice!

③ querer 동사의 경우 정중한 표현

A : ¿Quisiera venir a mi casa a cenar?

B : Sí, gracias. Pero ¿podría ir con mis niños?

A : Quisiera pedirle un favor.

B : Sí, dígame.

**피델 까스뜨로** 쿠바혁명에 성공한 후 사자후를 터뜨리는
까스뜨로. 그는 1956년 12월 2일 체 게바라를 비롯한 16명
의 대원들과 함께 그란마호로 쿠바에 상륙한 후 시에라마에
스뜨라에서 게릴라운동을 시작하였으며, 1959년 1월 1일 바
띠스따정권을 축출하고 민주주의혁명을 이루었다. 그 후
1961년 4월 16일 그가 혁명의 사회주의적 성격을 선언함으
로써 사회주의 국가 쿠바가 탄생하였다.

## 2. 가정문

① 가정법 과거: 현재 사실에 반대

> Si + 접속법 과거(llevara), 가능법 불완료(hablaría).
> 조건문                      귀결문

Si tuvieras tiempo, te invitaría a comer.

Si me tocara la lotería, compraría una casa lujosa.

Si yo fuera tú, no haría tal cosa.

Si hiciera sol, iríamos a la playa.

Si estuviera en tu lugar, cambiaría muchas cosas.

② 가정법 과거완료: 과거 사실에 반대

> Si + 접속법 과거완료(hubiera llevado), 가능법 완료(habría hablado).

Si hubieras tenido tiempo, te habría invitado a comer.

Si me lo hubieran presentado, habría ido a saludarle.

Si me hubieras dicho antes, no lo habría comprado en el mercado.

Si no hubiera llovido, habríamos salido de paseo.

Si hubiera habido sitio en el estacionamiento, no habría aparcado el coche
en la calle.

cf. Si vienes, te invitaré (invito) a comer.

## 3. 양태절 como si 구문

### ① 마치 ~인 것처럼

| como si | 접속법 불완료과거 |
|---------|------------------|

Este teléfono funciona muy bien. Te oigo como si estuvieras aquí.

El taxista se comporta como si no supiera dónde está el aeropuerto.

"Bésame mucho, como si fuera esta noche la última vez."

Mi profesora me trató como si fuera su propia hija.

Ella habló como si no me conociera.

### ② 마치 ~였던 것처럼

| como si | 접속법 과거완료 |
|---------|----------------|

Se comporta como si no hubiera pasado nada.

Ella habla como si hubiera vivido mucho tiempo en España.

Ignacio compró un Mercedes como si hubiera ganado la lotería.

Se veían como si no hubieran dormido desde hace días.

ETA 스페인 북부와 프랑스 남서부 지역에 살고 있는 약 200만 명의 바스크족의 완전독립을 추구하면서 테러와 납치 등 무장투쟁을 전개해온 테러단체로 ETA는 Euzkadi Ta Azkatasuna Basque (바스크 조국과 자유)의 약어이다. 1997년 7월 14일 마드리드에서 열린 ETA의 미겔 앙헬 블랑꼬 암살 규탄내회 광경.

**I.** 예문과 같이 바꾸시오.

> No tenemos entradas. No podemos ir al cine.
>
> → Si tuviéramos entradas, podríamos ir al cine.

1. No hay nieve en las montañas. No podemos esquiar.

   → _____

2. No hace sol. No podemos ir a la playa.

   → _____

3. No tengo tiempo. No puedo acompañarte.

   → _____

4. No tengo la llave. No puedo abrir la puerta.

   → _____

5. No tenemos dinero. No podemos ir de vacaciones.

   → _____

6. No hay nadie en casa. No podemos entrar.

   → _____

**II.** 예문과 같이 바꾸시오.

> ¿Qué harías si te tocara la lotería? comprar una casa
>
> → Si me tocara la lotería, compraría una casa

1. ¿Qué haríais si tuvierais vacaciones? escalar montañas
2. ¿Qué harían ellos si tuvieran más dinero? comprar otro coche

3. ¿Qué harías si viniera tu amigo? salir a cenar

4. ¿Qué harías si fueras presidente? cambiar el mundo

5. ¿Qué harías si hiciera buen tiempo? ir de excursión

6. ¿Qué haría Carmen si estuviera en los Alpes? pasar todo el tiempo esquiando

## III. 예문과 같이 답하시오.

> ¿Volverá la primavera? → ¡Ojalá que vuelva la primavera!

1. ¿Tendrás vacaciones en agosto?     →

2. ¿Pondrán una nueva película?     →

3. ¿Traerá José muchos regalos?     →

4. ¿Lloverá mañana?     →

5. ¿Harán otro puente sobre el río?     →

6. ¿Sabrás hacer el examen?     →

7. ¿Dirá Isabel la verdad?     →

8. ¿Será feliz con su esposa?     →

## IV. 예문과 같이 답하시오.

> Quiero que venga. → ¡Ojalá que viniera!

1. Deseo que se vayan.     →

2. Espero que nieve.     →

3. Creo que llegará mañana.     →

4. Espero que salga el sol.     →

5. Creo que ganará la carrera.     →

6. Espero que tengan suerte.      →

7. Deseo que cene conmigo.      →

8. Espero que sean felices.      →

## V. 다음과 같이 괄호 안의 동사를 변화시키시오.

> No llegábamos nunca como si el aeropuerto estuviera (estar) en otra parte.

1. Se puso a llorar como si se le _____ (haber) muerto alguien.

2. A pesar de ser joven, se viste como si _____ (ser) una vieja.

3. Se lo comieron todo como si _____ (llevar) una semana sin comer.

4. Me lo pide con insistencia como si yo _____ (poder) hacer algo.

5. Habla como si todos _____ (ser) sordos.

6. Se comporta todavía como si _____ (tener) quince años.

7. En cuanto ve un rayo de sol, se desnuda como si _____ (nosotros, estar) en pleno verano.

8. La cerradura se abre con dificultad como si le _____ (faltar) aceite.

9. Nos lo dice como si nos _____ (echar) en cara algo.

10. Tengo unos temblores como si _____ (tener) fiebre.

**VI.** 다음 문장을 스페인어로 작문하시오.

1. 이번 크리스마스에는 눈이 많이 내렸으면!

2. 당신에게 물어볼 게 있는데요.

3. 나랑 영화 보러 갈래? – 그럴 시간이나 있으면 좋겠다.

4. 내가 애인이 있다면 지금 당장 결혼을 할 텐데.

5. 우리가 내일 경기에서 이기면 얼마나 좋을까!

6. 너희들이 나를 도와주었다면 우리가 이 경기를 이길 수 있었을 텐데.

7. 그는 마치 내 애인처럼 행동한다.

8. 내가 혁명가라면 이 나라를 바꿀 텐데.

9. 그는 우리를 모르는 것처럼 바라보았다.

10. 올 여름에는 비가 조금만 내렸으면!

**에밀리아노 사빠따** 멕시코혁명의 농민군 지도자 사빠따가 1914년 멕시코시티에 입성하는 장면. 그는 1915년 까란사 파의 반격으로 쫓겨나 모렐로스주에서 게릴라 활동을 계속하다가 암살당하였지만, 그의 토지개혁 주장은 1917년 혁명헌법에 큰 영향을 주었다.

**세비야 대성당** 1402년부터 1세기에 걸쳐 옛 이슬람 사원 터에 세운 고딕 양식 중심의 대성당. 폭 116m, 길이 76m의 웅장한 규모를 자랑하며 바티칸의 산 피에트로 대성당, 런던의 세인트 폴 대성당과 함께 세계 3대 성당으로 꼽힌다. 안에는 콜럼버스의 유골이 안치되어 있다. 사진에서 가장 위로 솟아있는 것은 높이가 98m에 이르는 히랄다 탑.

연습문제 해답

## Lección 1

**I.**

1. Pedro es arquitecto.

2. Tú eres abogado.

3. Él es feo.

4. Enrique Iglesias es guapo.

5. Esteban y yo somos amigos.

6. Ana y Marta son de España.

7. Pablo y tú sois de México.

8. Ellas son estudiantes.

9. Usted es cantante.

10. Ustedes son de Japón.

**II.**

1. 안녕하세요.

   안녕하세요, 김교수님.

2. 잘 가, 내일 보자, 후안.

   다음에 보자.

3. Pablo : 안녕, 후안. 여긴 까롤리나야.

   Juan : 안녕하세요. 저는 후안이라고 합니다.

   Carolina : 반갑습니다.

4. Juan : 안녕, 이사벨. 어떻게 지내니?

   Isabel : 아주 안 좋아. 그런데 너는 어떻니?

   Juan : 보통이야.

5. Rogelio : 안녕, 저는 로헬리오 바렐라라고 합니다. 이름이 어떻게 되세요$

   Verónica : 제 이름은 베로니까 모로입니다. 만나서 반갑습니다.

   Rogelio : 반갑습니다.

## III. 생략

## Lección 2

### I.

1. Sois americanos.

2. Somos coreanos.

3. Eres simpático / a.

4. Son médicos.

5. Soy arquitecto.

6. Es ingeniero.

### II.

1. José es español.

2. Juana es francesa.

3. Isabel es italiana.

4. Yo soy japonés / japonesa.

5. Tao es chino.

6. Es de Chile.

7. Es de Alemania.

8. Es estadounidense.

9. Es mexicano.

10. Somos rusas.

## III.

1. Los alumnos

2. simpáticas

3. Los hombres

4. Las madres

5. Las películas

6. Los niños

7. bajos y delgados

8. Las ciudades

9. Los paraguas

10. Las aulas

11. inteligentes

12. verdes

13. responsable

14. excelente

15. amables

## IV.

1. ¡Hola! ¿Cómo está usted?

2. Estoy muy bien, ¿y usted?

3. Así así, gracias. / Más o menos, gracias.

4. (Yo) Hablo coreano, inglés y español.

5. Juan y María son de Madrid.

6. Me llamo Pedro López. / Mi nombre es Pedro López.

7. En Canadá hablan francés e inglés.

8. Carlos es un estudiante de España.

9. María es bonita y simpática(amable).

10. Ellas son japonesas.

## Lección 3

### I.

1. es, es, es, es, está, es, está, está, está
2. son, son
3. es, soy
4. son, son
5. están, están

### II.

1. hay
2. hay
3. está
4. hay
5. está
6. está
7. está
8. hay
9. hay
10. Hay

### III.

1. Rosa es una estudiante del departamento de espaol.
2. ¿Hay un (algún) alumno chino en vuestra clase?
3. Sí, hay unos alumnos chinos.
4. ¿Hay un hospital cerca de aquí?

5. Pablo Picasso es un gran artista de España.

6. La leche es buena para la salud.

7. El vino de España(español) es muy famoso.

8. Hay un hotel a la izquierda de la plaza.

9. Valencia está al este de Madrid.

10. Las calles de Madrid son anchas y agradables.

## Lección 4

I.

1. Yo trabajo en un restaurante.

   Anita trabaja en la cafetería.

   Tú trabajas en Barcelona.

2. Ustedes estudian francés.

   Carlos estudia italiano.

   Usted estudia la lección tres.

   Juan y yo estudiamos química.

3. Ana y Rosa necesitan dinero.

   Nosotros necesitamos una mesa.

   Yo necesito pagar la cuenta.

   Tú necesitas una servilleta.

4. Ellos desean cerveza.

   Nosotros deseamos un té.

   Yo deseo tomar Coca-Cola.

   Cristina desea bailar con Luis.

## II.

1. trabajo
2. trabajan
3. estudiamos
4. desean estudiar
5. habla
6. necesitas
7. tomo
8. toma

## III.

1. Por la mañana bebo leche.
2. Por la noche como pescado.
3. Comemos tarde.
4. Vivo en la calle Gran Vía. / Vivo en Silim-dong.
5. No, no leo muchos libros.
6. Aprendo a nadar en la piscina.
7. No, no escribo a mis padres a menudo.

## IV. 생략

## V.

1. Carlos estudia en la escuela.
2. Él pregunta sobre Corea.
3. Ana compra un libro en la librería.

4. ¿Dónde está el servicio?

5. Entramos en la casa de Juan.

6. Ellos comen en el jardín.

7. Julio no tiene tiempo de ver la televisión.

8. Ella recibe muchos regalos.

9. Tengo mucha hambre.

10. Los jóvenes deben respetar a los ancianos.

 Lección 5

## I.

1. Mi

2. Tus

3. Su

4. Nuestra

5. Sus

6. Vuestro

7. Las mías

8. El suyo

9. La tuya

10. El suyo

## II.

1. Los tuyos están sobre la mesa.

2. Nuestras primas no están con las tuyas.

3. Juan compra mi entrada y la tuya.

4. ¿Dónde están los tuyos?

5. ¿Tiene usted su cartera o la mía?

6. Yo tengo mis medias, pero Susana no tiene las suyas.


## III.

1. cierra, 아나는 문을 닫는다.

2. empieza, 스페인어 수업은 오늘 시작한다.

3. venden, 서점에서도 잡지를 판매한다.

4. escribe, 후안은 매일 자기의 애인한테 편지를 쓴다.

5. tiene, abre, 뻬드로는 덥지만 창문을 열지 않는다.

6. prefiere, 커피나 차 중 뭘 드시고 싶으세요?

7. miente, 내 애인은 거짓말을 많이 한다.

8. Quieres, 오늘밤에 영화관에 가고 싶니?

9. pasan, 내 삼촌들은 며칠을 시골에서 보낸다.

10. quieren, 그리고 에스떼반과 까르멘은 무엇을 하고 싶어합니까?


## IV.

1. Su hermana es alta y bonita. (La hermana de él es alta y bonita.)

2. Esta calle está limpia, pero aquélla está sucia.

3. Luis piensa ir al cine con María esta noche.

4. ¿De quién es este coche?

5. Señor Pérez, ¡bienvenido a Seúl!

   Señora Pérez, ¡bienvenida a Seúl!

6. ¿Qué es esto? Es el ayuntamiento.

7. Mi prima Seri vive en Seúl con sus padres.

8. Este fin de semana, ellos quieren ir a la playa.

9. Lo siento mucho, pero tenemos que cerrar la tienda ahora mismo.

10. Mi madre es alta, pero tu madre(la tuya) es baja.

## Lección 6

### I.

1. ¿A qué hora sale el tren?  — El tren sale a las 10 : 15.
   ¿A qué hora llega?  — Llega a las 8 : 00.

2. ¿A qué hora sale el autobús?  — El autobús sale a las 11 : 10.
   ¿A qué hora llega?  — Llega a las 5 : 30.

3. ¿A qué hora sale el avión?  — El avión sale a las 10 : 20.
   ¿A qué hora llega?  — Llega a las 4 : 25.

4. ¿A qué hora sale el cartero?  — El cartero sale a las 10 : 05.
   ¿A qué hora llega?  — Llega a las 3 : 10.

5. ¿A qué hora sale el médico?  — El médico sale a las 8 : 45.
   ¿A qué hora llega?  — Llega a las 9 : 35.

6. ¿A qué hora sale la enfermera?  — La enfermera sale a las 12 : 35.
   ¿A qué hora llega?  — Llega a la 1 : 15.

7. ¿A qué hora sale la secretaria?  — La secretaria sale a las 4 : 45.
   ¿A qué hora llega?  — Llega a las 2 : 22.

8. ¿A qué hora sale la señora?  — La señora sale a las 5 : 50.
   ¿A qué hora llega?  — Llega a las 6 : 40.

9. ¿A qué hora sale la profesora?  — La profesora sale a las 3 : 25.
   ¿A qué hora llega?  — Llega a las 11 : 03.

10. ¿A qué hora sale María?  — María sale a las 6 : 25.
    ¿A qué hora llega?  — Llega a las 11 : 20.

### II.

1. ¿Cómo te llamas?
   Me llamo Chanjo.

2. ¿Cuál es tu nacionalidad?

   Mi nacionalidad es coreana.

3. ¿Dónde vives?

   Vivo en Seúl.

4. ¿Qué haces con tus amigos después de la clase?

   Estudiamos juntos en la biblioteca.

5. ¿A qué hora empieza la clase de español?

   La clase de español empieza a las 2 y media de la tarde.

6. ¿A qué hora toma usted el desayuno?

   Tomo el desayuno a las 8 de la mañana.

7. ¿Por qué estudias español?

   Porque quiero viajar a España.

8. ¿Qué lenguas hablas?

   Hablo coreano, inglés, y español.

9. ¿Cuántos hermanos tienes?

   Tengo dos hermanos. (No tengo hermanos, No tengo ningún hermano)

10. ¿Cómo vienes a clase?

   Vengo en metro y luego en autobús.

## III.

1. conoce

2. sé

3. conocen

4. sabe

5. sabemos

6. conozco

7. sabemos

8. sé

# IV.

1. cuarenta y un periódicos

2. cincuenta y una sillas

3. setecientas cinco casas

4. tres mil quinientos cuarenta y cuatro habitantes

5. mil ciento dos libros

6. veinte mil euros

7. trescientos cincuenta mil dólares

8. dos mil quinientos cincuenta y cuatro alumnos

9. mil trescientas chicas

10. seiscientas dieciséis alumnas

# V.

1. ¿Qué haces este fin de semana?

2. Trabajo desde las 9 hasta la una y desde las 4 hasta las 8 de la tarde.

3. ¿Qué va a hacer usted (en) estas vacaciones de verano?

4. Alicia y Rosa van al instituto(al centro / a la academia) de español todos los días.

5. Esta tarde voy a ir de compras con un amigo (mío).

6. El partido de fútbol empieza a las cuatro y media de la tarde.

7. ¿Cuántos habitantes tiene Seúl?

8. ¿Conoces (tú) a mi novia Seri?

9. ¿Cuántos alumnos hay en esta universidad? Hay veinte mil alumnos.

10. ¿Cuánto cuesta aquel coche? Cuesta 30.000 euros.

    ¿Cuánto vale aquel coche? Vale treinta mil euros.

    ¿Cuánto es aquel coche? Treinta mil euros.

## Lección 7

**I.**

1. ¿A cuántos estamos hoy? → Estamos a 10 de noviembre de 2002.

2. ¿Cuántos meses tiene un año? → Tiene 12 meses.

3. ¿Cuántos días hay en una semana? → Hay 7 días.

4. ¿Cuál es el último mes del año? → Es diciembre.

5. ¿Cuál es el primer día de la semana? → Es el lunes.

6. ¿Cuántos días tiene un año? → Tiene 365 días.

7. ¿Cuántas estaciones hay en el año? → Hay 4 estaciones.

8. ¿Cuántos años tienes? → Tengo 21 años.

9. ¿Cuántos años vas a cumplir? → El próximo mes voy a cumplir 22 años.

**II.**

1. ¿Está Antonio?

2. Sí, soy yo.

3. No puede ponerse ahora / no puede contestar ahora. Está en el baño.

4. No, no está. ¿Quiere dejar un recado / mensaje?

5. ¿Está Cristina, por favor?

   ¿A qué número ha marcado? Creo que se ha equivocado.

6. ¿De parte de quién?

   Espere un momento, por favor / Un momento, por favor.

   Ahora se lo cambio / Ahora se pone / Ahora le contesta.

**III.**

1. Es el cinco de mayo de mil novecientos ochenta y dos.

2. Es el dieciséis de agosto de mil novecientos noventa.

3. Es el primero de julio de dos mil cinco.

4. Es el veintiocho de febrero de dos mil treinta.

5. Es el trece de septiembre de mil novecientos noventa y nueve.

6. Es el treinta de noviembre de dos mil quince.

## IV.

1. ¿Qué día es hoy? - Es miércoles.

2. Mañana es el primero de enero del (año) dos mil diez.

3. ¿En qué piso vives?

    - Vivo en el primer piso. (한국의 2층에 해당)

    - Vivo en el piso bajo. (한국의 1층에 해당)

4. ¿Cuántas alumnas hay en la clase?

5. Hoy estudiamos la lección tres.

6. El próximo mes, él va a cumplir 23 años.

7. Él tiene la misma edad que José.

8. ¿Qué vas a hacer en la segunda semana de agosto?

9. Voy a viajar por Argentina.

10. Mañana es mi cumpleaños, y (por eso) voy a invitar a mucha gente.

## Lección 8

## I.

1. duermen, dormimos

2. almuerzan, almorzamos

3. vuelven, volvemos

4. juegas, juego

5. recuerdas, recuerdo

6. llueve, tienes

7. encuentras, encuentro

8. podéis, puedo, puede

## II.

1. Bebemos agua.

2. Coge un taxi.

3. Estudian toda la noche.

4. Llevan paraguas. (llevo, llevas 등 모든 인칭가능)

5. Leo un periódico.

## III.

1. lenta, claramente

2. generalmente

3. rápidamente

4. especialmente

5. desgraciadamente

6. fácilmente

7. cuidadosamente

## IV. 자기 소개

MUJER

Mi nombre es Laura Gómez. Tengo 22 años y nací en Madrid. Soy estudiante y estoy cursando el segundo año en la carrera de psicología en la Universidad Autónoma de Madrid. Aunque nací en Madrid, mis padres y mi hermana viven en Sevilla. Por eso, estoy viviendo con una amiga que se llama Carla. Mi papá es abogado y mi mamá es ama de casa. Y mi hermana menor, Ana, trabaja como secretaria en una oficina de contadores. En mis tiempos libres salgo a bailar con mis amigas o con mi novio Carlos. Mi deporte favorito es el tenis. Por eso, en la mayoría de los fines de semana voy a la cancha de tenis con Carlos a jugar al tenis. Y mi jugador de tenis preferido es André Agassi.

HOMBRE

Me llamo Julio García y tengo 20 años. Soy estudiante y mi carrera es ingeniería informática. Me gustaría ser un ingeniero en una empresa multinacional y ganar mucho dinero, porque uno de mis sueños es viajar por todo el mundo. Y para ello, debo tener mucho dinero. Mi familia y yo vivimos en Santiago. Pero mi mamá es peruana. Me gusta mucho jugar al fútbol. Así que mis amigos y yo nos reunimos todos los sábados en el parque para jugar al fútbol. Y cuando llueve, miramos películas de terror en la casa de mi amigo Lucas comiendo pizza que es mi comida favorita.

 Lección 9

I.

1. Sí, los conozco. / No, no los conozco.

2. Sí los tengo. / No, no los tengo.

3. Sí, quiero invitarla a cenar. / No, no quiero invitarla a cenar.

4. Sí, lo ayudo con el trabajo. / No, no lo ayudo con el trabajo.

5. Sí, los quiero comprar. / Si, quiero comprarlos.

   No, no los quiero comprar. / No, no quiero comprarlos.

6. Sí, lo tengo. / No, no lo tengo.

7. Sí, los vamos a esperar. / Sí, vamos a esperarlos.

   No, no los vamos a esperar. / No, no vamos a esperarlos.

8. Sí, los voy a visitar. / Sí, voy a visitarlos.

   No, no los voy a visitar / No, no voy a visitarlos.

## II.

1. Él me enseña la lección.

2. Ellos le dan la bolsa.

3. Nosotros les contamos todo.

4. El camarero te sirve el café.

5. Ustedes no le muestran sus trabajos.

6. El profesor nos da las tareas.

7. Carmen les regala los vestidos.

8. No les traen la caja.

9. Les leo la Biblia.

10. Ana os presta las gafas de sol.

## III.

1. El profesor me la regala.

2. Quiero estudiarla. / La quiero estudiar.

3. Voy a devolvérselo. / Se lo voy a devolver.

4. El muchacho se los reparte.

5. No la veo.

6. Juan puede prestárselo. / Juan se lo puede prestar.

7. Se la vendo.  el agua는 여성명사.

8. El tren los transporta.

# IV.

1. ¡Cuánto duerme Juan!

2. ¡Cuántos libros tiene la biblioteca!

3. ¡Qué bonita es aquella rosa! / ¡Qué rosa tan bonita!

4. ¡Qué cansado estoy!

5. ¡Qué bien pronuncia Carlos el coreano!

6. ¡Cuánto cuesta este apartamento!

7. ¡Cuántas alumnas hay en esta sala!

8. ¡Qué frío (tengo)!

9. ¡Qué viento (hace)!

10. ¡Qué hambre (tengo)!

# V.

1. ¿A quién le va a dar esta rosa?

2. Voy a dársela a Cristina. / Se la voy a dar a Cristina.

3. Se lo presto a ella.

4. ¡Qué coche tan rápido! / ¡Qué rápido es este coche!

5. ¡Qué frío hace este invierno!

6. En mi cumpleaños, mis padres me regalan una bicicleta.

7. ¿Tú vas a decirle la verdad al profesor?

8. Lo siento, pero hay un problema.

9. ¡Qué caro es este reloj!

10. ¡Qué antipática es aquella mujer!

## Lección 10

**I.**

1. Este paquete pesa menos que aquél.

   Este paquete no pesa tanto como aquél.

   Aquel paquete pesa más que éste.

2. En mi clase hay menos estudiantes que en tu clase.

   En mi clase no hay tantos estudiantes como en tu clase.

   En tu clase hay más estudiantes que en mi clase.

3. Mi casa tiene menos dormitorios que tu casa.

   Mi casa no tiene tantos dormitorios como tu casa.

   Tu casa tiene más dormitorios que mi casa.

4. Esta camiseta roja cuesta menos que aquella camisa.

   Esta camiseta roja no cuesta tanto como aquella camisa.

   Aquella camisa cuesta más que esta camiseta.

5. Tengo menos años que Juan. (Soy menor que Juan.)

   No tengo tantos años como Juan.

   Juan tiene más años que yo. (Juan es mayor que yo.)

**II.**

1. Traigo
2. pongo
3. digo
4. Oigo
5. Salgo
6. tengo
7. hago

## III.

1. A mi compañero le gusta jugar al fútbol y jugar al tenis.

2. A mí me gusta mucho leer y escuchar la radio.

3. A los hombres les encantan las mujeres amables.

4. A las mujeres les gusta ir de compras y charlar.

5. A mis padres les gustan el fútbol y el cine.

6. A mi profesor no le gustan los estudiantes que no hablan español en clase.

7. A los estudiantes no les gustan los exámenes.

8. A nosotros nos encanta viajar fuera del país.

## IV.

1. Esta carta es para mí.

2. Este diccionario es de ella.

3. Los niños van al cine con nosotros.

4. Hablamos de ti.

5. Estamos delante de él.

6. Voy a cenar hoy contigo.

## V.

1. Me gusta más el español.

2. Me gusta más la moda coreana.

3. Me gustan más los coches nacionales.

4. Prefiero la primavera (al otoño).

5. Prefiero ir al museo (que ir de compras).

6. Me gusta más el café con leche.

7. Preferimos escalar las montañas (que bañarnos en el mar).

8. Me gustan más las películas de amor.

# VI.

1. Mi hermano(a) menor es más alto(a) que yo.

2. ¿Es tu padre mayor que mi padre? / ¿Tu padre es mayor que mi padre?

3. Pedro no es tan fuerte como Juan.

4. Mi coche es el mejor de esta ciudad.

5. Ahora no puedo hablar contigo.

6. Me gusta más el verano que el invierno. / Prefiero el verano al invierno.

7. Seúl es la capital de Corea y es la ciudad más grande de Corea.

8. La ciudad más popular para los turistas es Kyungju.

9. Tengo dos hermanos. Mi hermano mayor tiene 15 años y el menor tiene 9.

10. ¿Con quién vas a salir hoy?

## Lección 11

# I.

1. Me despierto solo. / Necesito despertador.

2. Con agua caliente.

3. Sí, voy a lavarme las manos antes de comer.

4. Me peino varias veces al día.

5. Me acuesto a las once de la noche.

6. Me voy a poner el abrigo y la bufanda porque hace frío estos días.

7. Sí, me acuerdo.

8. Prefiero ponerme pantalones.

9. No. Sólo me cepillo los dientes después de la cena.

10. Claro. Me quito los zapatos al entrar a la casa.

## II.

1. Me he duchado

2. Me he lavado

3. He desayunado

4. He tomado

5. He salido

6. He perdido

7. He venido

8. He llegado

9. He comido

10. He vuelto

11. He visto, he escuchado

12. He dado, me he encontrado

13. hemos cenado

14. hemos tomado

15. he regresado

16. Me he acostado

## III.

1. Sí, he estado muchas veces en Londres.

2. No, nunca he probado la paella.

3. Sí, he estado en China y Japón.

4. No, todavía no ha salido el tren para Barcelona.

5. He estudiado español desde el año pasado.

6. Hoy en el mercado he comprado pescado y frutas.

7. Sí, la he comido una vez.

8. Hoy me he levantado a las siete.

9. Esta mañana he desayunado a las ocho.

10. He llegado tarde a la clase porque me he encontrado con un amigo.

# IV.

1. Lo siento, es que me he dormido.

2. Lo siento, es que he perdido tu número de teléfono.

3. Lo siento, es que no hemos sabido.

4. Lo siento, es que hemos estado en un examen.

5. Lo siento, es que he estado ocupado(a).

# V.

1. os quitáis / se quitan (중남미)

2. nos despertamos

3. se ríen

4. me lavo

5. me despido

# VI.

1. Tengo que levantarme temprano.

2. Mi madre se pone abrigo porque tiene frío.

3. Antes de comer, (ustedes) deben lavarse las manos.

4. ¿Se afeita su padre todos los días?

5. Me pongo pantalones y camiseta para salir de casa.

6. ¿A qué hora te has levantado hoy?

7. Este año ha llovido mucho.

8. Esta semana no he estudiado mucho español.

9. ¿Ya ha llegado el tren para Busan?

10. Mi hermano menor todavía no ha vuelto a casa.

## Lección 12

### I.

1. estudiando
2. durmiendo
3. bebiendo
4. hablando
5. haciendo
6. sintiéndose
7. pidiendo
8. adquiriendo
9. leyendo
10. Escuchando

### II.

1. cómelo
2. póntelas
3. siéntate
4. tómelo
5. quítelo
6. ciérrela
7. tómala
8. ponedlo
9. díganla
10. acostaos

# III.

1. Come bien.

2. Camina mucho.

3. Ten paciencia.

4. Ponte el abrigo.

5. Lávate las manos.

6. Compre el reloj.

7. Venda la casa.

8. Abra la ventana.

9. Vuelva en seguida.

10. Salga de aquí.

# IV.

1. ¿Qué está mirando (usted) ahora?

2. Sé que no estás diciendo la verdad.

3. Siéntate en la silla. / Siéntese en la silla.

4. Déjame diez mil wones. Préstame diez mil wones. ¿Me dejas / prestas diez mil wones?

5. Tened paciencia. / Tengan paciencia.

6. Mi hermano está estudiando en su habitación.

7. Sigue todo recto y toma la primera calle a la derecha. / Sigue todo recto y dobla a la derecha en la primera calle.

8. Estoy haciendo la maleta porque mañana voy a ir de campamento de español.

9. Mi madre está hablando por teléfono con mi tía.

10. Dámelo. ¿Me lo das, por favor? / Démelo. ¿Me lo da, por favor?

# V.

너 지금 뭐 하고 있니?

사랑하는 일기장에게 :

오늘은 우리 부모님이 항상 내게 하시는 말씀에 대해서 적으려고 해. 내가 (내) 방에서 음악을 듣고 있을 때면, 내게 언제나 "너 지금 뭐하고 있니?"하고 물어보시지. 그러면 그분들께 "나 음악 듣고 있는 중이에요"라고 대답하면, 내게 "라디오 좀 줄여다오, 부탁한다."라고 말씀하신단다. 내가 친구들과 나가려고 옷을 있고 있을 때에는, "너 지금 뭐하고 있니?"하고 물어보시지. 나는 "옷 입는 중이에요."라고 대답하고, 그분들은 "너무 짧은 치마는 입지 말아라."고 내게 말씀하신단다. 내가 배가 고파서 뭔가를 먹고 있을 때면, "너 지금 뭐 먹고 있니?"하고 물어보시지. 나는 "바나나 먹고 있는 중이에요."라고 대답하면, 그분들은 "저녁식사 전에는 아무것도 먹지 말아라."고 말씀하신단다. 내가 샤워하고 있을 때면, "너 지금 뭐 하고 있니?"하고 물어보시지. "나 샤워하고 있는 중이에요."하고 대답하면, "내가 들어가야 하니, 시간 끌지 말아라."고 말씀하신단다. 그리고 내 여자친구 한 명이랑 전화로 말하고 있을 때면 나에게 물어보시지. "너 지금 뭐 하고 있니?", 나는 "통화 중이에요."라고 대답하면, "내가 전화 기다리고 있으니 끊어라."라고 말씀하신단다. 결국, 내게 뭘 하고 있느냐고 물어보실 때, 그분들은 이미 알고 계시는 것 같다. 그런데도 왜 항상 나는 그분들께 대답하는 걸까?

## Lección 13

# I.

1. entregaste

2. entregué

3. te levantaste

4. me levanté

5. llamé / contestó

6. habló / entendí

7. pasó

8. preguntasteis

9. Oyeron

10. Leímos

11. Perdieron

12. Compraste / compré

13. Decidisteis

II.

1. Llegué a las diez.

2. Cocinaron María y Yolanda.

3. Lo aprendí en una escuela de idiomas.

4. La esperamos dos horas.

5. Volví a las ocho de la noche.

6. Pagué veinte mil wones.

7. Las conocí el sábado pasado.

8. Estudié matemáticas y un poco de inglés.

9. Me parecieron muy amables.

10. Me gustó más el español.

III.

1. Debió de haber mucha gente en aquel lugar.

2. Nosotros pensamos ir a España el año pasado.

3. Tú empezaste a ofenderme.

4. Los jóvenes dejaron de bromear a las chicas.

5. Vosotros decidisteis tomar una copa.

6. Las niñas volvieron a llorar.

7. Me gustaron mucho las novelas de Carlos Fuentes.

8. Yo aprendí a leer en español.

## IV.

1. Ayer, Chanjo llegó al aeropuerto Kimpo a las nueve de la mañana.

   Ayer a las 9 de la mañana, Chanjo llegó al aeropuerto Kimpo.

2. ¿A qué hora volviste a casa? Volví a las once de la noche.

3. Para ir de compras saqué cien mil wones de la cuenta en el banco.

   Para ir de compras saqué cien mil wones del banco.

4. Anoche, Juan y yo salimos a ver una película.

5. Hablamos por teléfono durante una hora.

6. Nací en 1980, entré a la universidad en 2000 y me gradué en 2004.

7. Anoche, un avión se cayó en Nueva York.

8. La semana pasada, ella visitó a sus padres.

9. Ayer, mi hermano (menor) no asistió / no se presentó a la clase de español.

10. Mi novia empezó a fumar hace tres años, pero este año ha dejado de fumar.

 Lección 14

## I.

| 1. dijo | 2. pude | 3. fuiste | 4. hiciste | 5. vinieron, supe |
| 6. puso | 7. hubo | 8. quise | 9. fui | 10. murió |

## II.

1. ha hecho
2. pudo
3. fui
4. han estado, estuvimos
5. nació
6. se ha puesto
7. hemos visto
8. llovió, ha llovido
9. hubo
10. ha venido

## III.

Después de expulsar a los cartagineses de la Península Ibérica, Roma empieza(empezó) a dominar el territorio. Los romanos destruyen(destruyeron) por completo la civilización ibérica. Los pueblos hispanos pierden(perdieron) sus propias lenguas para adoptar el latín y aceptan(aceptaron) los cultos romanos. La dominación romana dura(duró), aproximadamente, seis siglos. Más tarde, en el año 711, los árabes llegan(llegaron) a España y establecen(establecieron) su capital en Córdoba. En arquitectura, los árabes introducen(introdujeron) y desarrollan(desarrollaron) un nuevo estilo a base de arcos de herradura y columnas delgadas. Este estilo se conserva(conservó) en la Mezquita de Córdoba, la Alhambra en Granada y la Giralda de Sevilla. La influencia árabe se extiende(se extendió) mayormente en el sur afectando el espíritu, las costumbres y el idioma.

로마는 카르타고인을 이베리아 반도에서 몰아낸 후 그 영토를 점령하기 시작했다. 로마인은 이베리아 문명을 완전히 파괴했다. 스페인인은 그들 고유의 언어를 잃고 라틴어와 로마 신앙을 받아들였다. 로마의 지배는 약 6세기 동안 지속되었다. 더

뒤 711년에는 아랍인들이 스페인에 도착하여 코르도바에 수도를 세웠다. 건축에서 아랍인들은 굽쇠 아아치와 가느다란 기둥을 바탕으로 한 새로운 양식을 들여와 발달시켰다. 이 양식은 코르도바 사원과 그라나다의 알람브라 궁전, 세비야의 히랄다에 보존되어 있다. 아랍의 영향은 주로 남부에 퍼져, 정신과 관습, 언어에 영향을 끼쳤다.

## IV.

1. Estuve en el parque de atracciones.

2. Hice las maletas.

3. Fuimos de campamento.

4. Fue muy aburrida.

5. Porque tuve un accidente.

6. Hubo once personas.

7. Cogí el avión.

8. Fui a Buenos Aires y vi a algunos amigos.

9. Porque no quisieron ir.

10. Porque mi amigo tuvo que trabajar y no pudo venir.

11. Lo puse en el banco nacional.

12. Conduje mi coche y caminé un poco.

## V.

1. El señor que acaba de salir es don José.

2. El caballero que hemos visto es profesor.

3. El muchacho del que estamos hablando viene allí.

4. La casa en la que vivo ya es vieja.

5. La clase a la que asisto es muy interesante.

## VI.

1. Antonio Gaudi nació en 1852 y murió en 1926.

2. Tuvimos que coger un taxi para no llegar tarde a la clase.

3. Ayer me dolieron mucho los oídos.

4. Tengo gripe (Estoy resfriado) y me duele la garganta.

5. Este bolígrafo con el que estoy escribiendo es un regalo de mi novia.

6. El año pasado fuimos a París en avión.

7. ¿Qué tal / Cómo fue el viaje a Cheju? Nosotros hemos estado allí este verano.

8. Sumi es una alumna excelente que habla inglés, español y francés.

9. El agosto pasado, Juan y su novia fueron de vacaciones a Busan.

10. Una tarde, ellos fueron a ver una corrida de toros y se divirtieron mucho.

## Lección 15

## I.

1. veníais

2. era, me llevaba

3. íbamos

4. comía, hablaba

5. cogía

6. trabajaba, volvía

7. estaba

8. veían, estaban

9. solían, tenían

10. ibas, vivías

## II.

1. Yo era un poco bajo y tímido.

2. Vivía en un pueblo pequeño.

3. Éramos cinco.

4. Nos gustaba la música pop.

5. Iba a una escuela católica.

6. Jugábamos al tenis e íbamos a la piscina.

7. Me acostaba a las nueve.

8. Veíamos la televisión.

9. Los sábados, mis padres iban al supermercado y limpiaban la casa.


## III.

1. Dijo que no podía ir.

2. Dijo que le dolía la cabeza.

3. Dijeron que no podían salir.

4. Dijo que los brasileños jugaban muy bien al fútbol.

5. Dijeron que estaban cansados.

6. Dijeron que no les gustaba caminar.

7. Dijo que no sabía conducir.

8. Dijo que se divertía mucho.


## IV.

Pablo Picasso (nacer) nació en 1881 en Málaga. Su padre (ser) era profesor de dibujo y conservador del museo de Málaga. Desde el comienzo de su vida (estar) estaba destinado a sorprender en la historia del arte. Picasso (vivir) vivió en Francia durante muchos años pero siempre (mantenerse) se mantenía en contacto con España. En 1937, (pintar) pintó el "Guernica", considerado como el máximo exponente de su producción y de toda la pintura contemporánea. En 1936 (estallar) estalló la Guerra Civil de España y la ciudad vascongada de dicho nombre (ser) fue destruida por el bombardeo de la aviación alemana. Esto (inspirar) inspiró su mentalidad creadora durante muchos años y es así como (producirse) se produjo el "Guernica".

## V.

1. Cuando yo era niño, vivía en el campo con mi familia.
2. Mi padre me llamaba todos los martes.
3. Cuando Juan me llamó, yo veía / estaba viendo la televisión
4. Cuando volvimos a casa, los niños dormían / estaban durmiendo.
5. Los que se ponen la camiseta roja son jugadores coreanos.
   Quienes llevan la camiseta roja son los jugadores coreanos.
6. ¿Cuál es mi falda? - La que está sobre la silla.
7. Mi madre quería volver al pueblo natal, pero no pudo (podía) ir.
8. ¿Qué hacías cuando te llamé ayer?
9. Cuando era joven, estaban de moda los vaqueros.
10. Íbamos a ver un partido de fútbol tres veces por semana / a la semana.

## Lección 16

## I.

1. habían ganado
2. había perdido
3. había salido
4. había regalado
5. habías sido

6. había muerto

7. habíamos cenado

8. había visto

9. habían vuelto

10. se había roto

## II.

1. llegó, había acostado

2. invitaba, había invitado

3. decía, habían dicho

4. Entré, había comenzado

5. Quería, noté, había cerrado

## III.

1. El profesor me preguntó que si había preparado la lección.

2. Te llamé para preguntarte que si me querías.

3. Nos preguntaron que adónde habíamos ido.

4. Mi jefe me preguntó que si había recibido ya la mercancía.

5. Le preguntó a Isabel que cuál prefería.

6. Le pregunté que con quién y en dónde había estado hasta entonces.

7. La profesora me dijo que por qué me quedaba tan calladito en clase.

8. Teresa me llamó y me preguntó que si podía ir al concierto con ella.

## IV.

1. Hace seis meses que salgo con César.

2. Hace dos semanas que no voy a clase.

3. Hace cinco años que fumo.

4. Hace una hora y media que estoy esperando a mi amigo.

5. Hace diez minutos que despegó el avión.

6. Hace tres años que compré este coche.

7. Vivo en este barrio desde 1995.

8. No he ido al médico desde hace una semana.

## V.

1. Cuando le llamé por teléfono, ella ya se había quedado dormida.

   Cuando le llamé por teléfono, ella ya estaba dormida.

2. Aquella cantante se casó hace 3 años pero se divorció pronto.

3. No he estudiado desde el sábado pasado.

4. Cuando Sumi llegó a la estación, ya había partido / salido el último tren.

5. Cuando llegamos al cine, la película ya había empezado / comenzado.

6. Ellos me preguntaron que si yo había terminado / acabado / hecho la tarea.

7. Nos conocemos desde hace diez años. / Hace 10 años que nos conocemos.

8. Los padres les dan a sus hijos todo lo que(todo cuanto) tienen.

9. El periódico reportó / informó que la economía de Corea / coreana se había mejorado un poco.

10. No sé cómo funciona esta máquina.

## Lección 17

## I.

1. Me casaré, tendré

2. se graduará, irá

3. vendrá, dirá

4. Podrás

5. harán

6. Tendremos

7. estará

8. sabremos

9. te pondrás

10. vendrá

## II.

1. Si vienes a mi casa, verás a Claudia.

2. Si os dais prisa, llegaréis pronto.

3. Si usted no descansa, se pondrá enfermo.

4. Si pasas por debajo de una escalera, tendrás mala suerte.

5. Si tocas madera, tus deseos se cumplirán.

6. Si usted coge el ramo de la novia, se casará pronto.

7. Si ustedes se cruzan con un gato negro, tendrán mala suerte.

8. Si llegamos tarde a clase, el profesor se enfadará.

9. Si (ellos) van al concierto, los acompañaré.

10. Si trabajamos mucho, seremos ricos.

## III.

1. Por la tarde ya me habrá llamado.

2. En octubre ya se habrá casado.

3. El 6 de este mes todavía no habrá cumplido 3 años.

4. A las 8 de la mañana todavía no habrá salido.

# IV.

1. Saldré para la oficina temprano y volveré tarde.

2. Andaré 10 minutos, llegaré a la parada de autobús, y tomaré el autobús 51.

3. Tomaremos cerveza, iremos a una discoteca, y nos divertiremos

4. Visitaremos museos, pasearemos por las calles antiguas y tendremos un tiempo maravilloso.

5. Tomaremos el primer tren para Barcelona y regresaremos el martes.


# V.

1. Estas vacaciones de verano iré de viaje / viajaré a España.

2. Si hace sol / hace buen tiempo, mañana iremos a la playa.

3. ¿Dónde estará usted la próxima semana / la semana que viene?

4. ¿Cuántos años tendrá aquel joven?

5. No te preocupes. Para mañana todo se habrá solucionado.

6. Cogeremos / Tomaremos el primer tren para Guadalajara mañana por la mañana.

7. Mañana por la mañana no podréis levantaros temprano.

8. ¿Habrá llegado el avión proveniente de Cancún?

9. Mi madre volvió / regresó ayer, pero mi padre vendrá mañana.

10. Después de dos meses, mi hija tendrá / cumplirá tres años.

## Lección 18

# I.

1. ¿Querrías ir al teatro esta noche?

2. ¿Preferirías sentarte en esta silla?

3. ¿Le importaría dejar de fumar?

4. ¿Me acompañarías al concierto?

5. ¿Podría traerme una botella de agua mineral?

6. ¿Podrías dejarme tu computadora portátil?

7. Tendríamos que cancelar el compromiso.

8. Deberías ponerte el abrigo.

9. ¿Te gustaría ir a bailar conmigo?

10. ¿Querría decirme su nombre y su dirección?

## II.

1. Ya sabíamos que volvería a las once.

2. Dijo que se casaría con Pedro.

3. Estaba seguro de que aprobaríamos las oposiciones.

4. Antonio prometió que querría a su novia por toda su vida.

5. Se anunció que llovería toda la tarde.

6. Pensé que Pilar llegaría tarde a la cita.

7. Dijo que aprendería a tocar la guitarra.

## III.

1. gustaría, querría, podría, desearía, sería

2. desearía, querría, gustaría, podría, querría

## IV.

1. No, no hay nadie.

2. No, no tenemos ninguna tarea hoy.

3. No, no estudio nunca por la noche. / Nunca estudio por la noche.

4. No, no viene Juan ni Ana.

5. No quiero café ni té.

6. No, no hay ningún museo en esta ciudad.

7. No, no tengo ningún amigo extranjero. / No, no tengo ninguno.

8. No voy tampoco. / Yo tampoco voy.

9. No, no vamos nunca.

## V.

1. Pablo dijo que compraría el / un ordenador(la / una computadora).

2. ¿Podría traerme un vaso de agua?

3. Nadie sabe qué pasó ayer.

4. Yo pensaba que él ya habría tomado / cogido el tren para su casa.

5. Habrán ido a la / su fiesta alrededor de unas quinientas personas.

6. Ella (me) prometió que volvería hasta el martes sin falta.

7. Perdone, ¿podría decirme su nombre y su número de teléfono?

   Perdone, ¿le importaría decirme su nombre y su número de teléfono?

   Perdone, ¿sería usted tan amable de decirme su nombre y su número de teléfono?

8. ¿Te gustaría ir a esquiar conmigo este fin de semana?

9. Me gustaría comer en un restaurante italiano.

10. Él me dijo que estudiaría economía en la universidad.

## Lección 19

## I.

1. que (tú) consigas
2. que Juan se marche
3. entrar / que entremos
4. que me digas
5. que Paco venga
6. viajar

7. que (él) salga          8. que me quieras          9. que estéis

10. que tú vayas

## II.

1. Queremos que ustedes compren los billetes / boletos del tren.

2. Necesito que tú reserves un asiento.

3. Ella desea que nosotros vayamos a la estación del tren.

4. Usted quiere que ellos tomen el AVE.

5. Espero que mis padres lleguen a tiempo.

6. Javier quiere que su mujer vaya a buscar a su hija.

7. Ella quiere que yo consiga un horario del tren.

8. Quiero que tú saques los billetes / boletos.

## III.

1. haya terminado su carrera.

2. vengan hoy.

3. vayamos mañana a la montaña.

4. gane la lotería.

5. toque el piano.

6. lo hayas hecho sólo por mí.

7. nieve mañana.

## IV.

1. Yo espero que tú compres un tocadiscos.

2. Ellas desean que nosotros terminemos el proyecto.

3. El profesor insiste en que los alumnos canten.

4. María le manda al hijo que arregle el dormitorio.

5. Nosotros preferimos que ellos se vayan hoy.

## V.

1. Yo quiero que vuelvas / regreses a tu tierra (pueblo natal).

2. Le aconsejo que no fume. Le aconsejo que deje de fumar.

3. Es preciso / necesario que tú vengas aquí pronto.

4. Es una lástima que María esté resfriada.

   Siento que María haya cogido(tomado) frío.

5. Yo espero que ya me olvides.

6. Temo que ella no haya solucionado el problema.

7. Me alegro de que tú hayas vuelto al pueblo.

8. Es verdad que Juan se casó con Ana, pero es dudoso que él la quiera a ella sinceramente.

9. No creo que todo el mundo sea bueno.

10. Espero que os marchéis de casa.

 Lección 20

## I.

1. Te he traído unos cuentos para que los leas.

2. Le he regalado un bañador a José para que vaya a la playa.

3. Te he comprado un bolígrafo para que escribas.

4. Os he traído unas fotografías para que las veáis.

5. Le he dado una corbata a José para que se la ponga.

6. Le he dado un paquete de cigarrillos para que fume.

7. Os he traído unos bocadillos para que los comáis.

8. Me han comprado una pelota para que juegue.

## II.

1. haga, 추울지라도, 우리는 들판으로 나가겠다.

2. cueste, 비쌀지라도, 우리는 Ferrari를 살 것이다.

3. torturen, 그를 고문할지라도, 그는 공범자의 이름을 밝히지 않을 것이다.

4. insistan, 그들이 고집하더라도 우리는 그들을 받아들이지 않을 것이다.

5. ofrezcan, 그에게 대통령직을 준다고 해도, 그는 거절할 것이다.

6. tengáis, 너희들이 열이 나지 않을 지라도, 침대에서 일어나서는 안 된다.

7. gane, 홈팀이 이 시합에서 이길지라도, 우승하지는 못할 것이다.

8. apetezca, 내키지 않을지라도, 너희들은 일해야 한다.

## III.

1. Cuando estés en Madrid, llama a José.

2. Cuando salgas, llévate la basura.

3. Cuando haga sol, no me quedaré en casa.

4. Tan pronto como reparen el coche, partiremos.

5. Cuando nieve, te veré en ese restaurante.

6. En cuanto regrese Isabel, haremos una fiesta.

## IV.

1. Aunque haga buen tiempo, no iré al campo.

2. Aunque me encuentre mal, no dejaré de fumar.

3. Aunque estalle la guerra, no volverán a su país.

4. Aunque tengamos tiempo, no veremos la televisión.

5. Aunque me lo pidas, no saldré ahora.

## V.

1. Si tengo tiempo, quiero viajar.

2. Probablemente, esta mujer sea / es la hermana menor de Juan.

3. Nuestra compañía está buscando una persona que sepa manejar la computadora.

4. No hay nadie que pueda(sepa) cocinar tan bien como mi amiga Catarina.

5. Me quedaré hasta que salgas de esta casa.

6. Os explicaré más para que lo entendáis.

7. Vamos a invitarlos antes de que se vayan a Corea.

8. Por muy rico que seas, nunca podrás ser feliz.

9. Nos quedaremos en el aeropuerto hasta que despegue el avión.

10. Tan pronto como(En cuanto) llegue a la estación, dile que me llame.

## Lección 21

## I.

1. Era preciso que los dejara solos.

2. Temíamos que ya fuera demasiado tarde.

3. Le prohibí que gritara en clase.

4. ¿Quién le mandó a usted que lo hiciera aquel día?

5. Era mejor que descansara usted algún tiempo.

6. No conocí a nadie que pudiera hacerlo.

7. Estuve / Estaba buscando un piso que tuviera dos baños.

8. Se enfadaba con cualquiera que le llamara.

9. Me encontraba con Juan dondequiera que fuera.

10. Queríamos una ciudad que no estuviera contaminada.

## II.

1. No es evidente que Pedro sea tonto.

2. No era verdad que hubieran vendido la nueva bicicleta.

3. No parece que le haya gustado el teatro.

4. No era cierto que el huracán hubiera destruido toda la finca.

5. No es seguro que la mujer haya mentido dos veces.

## III.

1. Dijo que descansara algún tiempo.

2. Dijo que no condujeras deprisa.

3. Dijo que no gastaras tanto dinero.

4. Dijo que dejara de fumar.

5. Dijo que no olvidaras los libros.

6. Dijo que escucharais la radio.

7. Dijo que cogieras ese paraguas.

8. Dijo que lo llamaras a las diez.

9. Dijo que te pusieras el abrigo.

10. Dijo que me llevaras al aeropuerto.

## IV.

1. Siento que ella no lo haya sabido. / Es una lástima que ella no lo supiera.

2. Le aconsejé que no fumara.

3. Era natural que hicieras ese trabajo.

4. Carlos negó que María fuera espía.

5. Yo necesitaba un poco de dinero con el que pudiera estudiar mi hijo.

6. Ellos le pidieron que no vendiera el coche.

7. Le dije que regresara pronto a la casa.

8. Necesitaba una enfermera que pudiera atender(cuidar) a mis padres en la casa.

9. Juan no la llamó por teléfono para que ella se enfadara.

10. El profesor me dijo en voz baja para que nadie lo pudiera oír.

## Lección 22

I.

1. Si hubiera nieve en las montañas, podríamos esquiar.

2. Si hiciera sol, podríamos ir a la playa.

3. Si tuviera tiempo, podría acompañarte.

4. Si tuviera la llave, podría abrir la puerta.

5. Si tuviéramos dinero, podríamos ir de vacaciones.

6. Si hubiera alguien en casa, podríamos entrar.

II.

1. Si tuviéramos vacaciones, escalaríamos montañas.

2. Si tuvieran más dinero, comprarían otro coche.

3. Si viniera, saldría a cenar.

4. Si fuera presidente, cambiaría el mundo.

5. Si hiciera buen tiempo, iría de excursión.

6. Si estuviera en los Alpes, pasaría todo el tiempo esquiando.

III.

1. ¡Ojalá que tengas vacaciones en agosto!

2. ¡Ojalá que pongan una nueva película!

3. ¡Ojalá que traiga José muchos regalos!

4. ¡Ojalá que llueva mañana!

5. ¡Ojalá que hagan otro puente sobre el río!

6. ¡Ojalá que sepas hacer el examen!

7. ¡Ojalá que diga Isabel la verdad!

8. ¡Ojalá que sea feliz con su esposa!

## IV.

1. ¡Ojalá que se fueran!

2. ¡Ojalá que nevara!

3. ¡Ojalá que llegara mañana!

4. ¡Ojalá que saliera el sol!

5. ¡Ojalá que ganara la carrera!

6. ¡Ojalá que tuvieran suerte!

7. ¡Ojalá que cenara conmigo!

8. ¡Ojalá que fueran felices!

## V.

1. hubiera

2. fuera

3. llevaran

4. pudiera

5. fueran

6. tuviera

7. estuviéramos

8. faltara

9. echara

10. tuviera

## VI.

1. ¡Ojalá que nieve mucho en esta Navidad!

2. Quisiera preguntarle algo.

3. ¿Quieres ir al cine conmigo? - ¡Ojalá que tuviera tiempo para eso!

4. Si tuviera novio(a), me casaría ahora mismo.

5. ¡Ojalá ganemos el partido mañana!

6. Si me hubiérais ayudado, habríamos podido ganar este partido.

7. Él se comporta como si fuera mi novio.

8. Si yo fuera el revolucionario, cambiaría este país.

9. Él nos miraba como si no nos conociera.

10. ¡Ojalá que llueva poco en este verano!